Eles souberam
viver...

Walter Ivan de Azevedo

Eles souberam viver...

Dados Internacionais de Catalogação na Publicação (CIP)
(Câmara Brasileira do Livro, SP, Brasil)

Azevedo, Walter Ivan de
 Eles souberam viver... – / Walter Ivan. – São Paulo : Paulinas, 2015. – (Coleção cartilhas)

Bibliografia.
ISBN 978-85-356-3861-5

1. Conduta de vida 2. Espiritualidade 3. Meditação 4. Vida cristã I. Título. II. Série.

14-12643   CDD-242.2

Índice para catálogo sistemático:
1. Conduta de vida : Meditações : Cristianismo   242.2

Citações Bíblicas: *Bíblia Sagrada*. Tradução da CNBB, 7. ed., 2008.

1ª edição – 2015

Direção-geral: *Bernadete Boff*
Editores responsáveis: *Vera Ivanise Bombonatto*
e Antonio Francisco Lelo
Copidesque: *Mônica Elaine G. S. da Costa*
Coordenação de revisão: *Marina Mendonça*
Revisão: *Equipe Paulinas*
Gerente de produção: *Felício Calegaro Neto*
Diagramação: *Manuel Rebelato Miramontes*
Ilustrações: *Walter Ivan de Azevedo*
Imagem de capa: *© Romolo Tavani*

Nenhuma parte desta obra poderá ser reproduzida ou transmitida por qualquer forma e/ou quaisquer meios (eletrônico ou mecânico, incluindo fotocópia e gravação) ou arquivada em qualquer sistema ou banco de dados sem permissão escrita da Editora. Direitos reservados.

Paulinas
Rua Dona Inácia Uchoa, 62
04110-020 – São Paulo – SP (Brasil)
Tel.: (11) 2125-3500
http://www.paulinas.org.br – editora@paulinas.com.br
Telemarketing e SAC: 0800-7010081
© Pia Sociedade Filhas de São Paulo – São Paulo, 2015

Quando se tem um grande ideal pela frente,
seja ele humanitário, religioso, científico, político
ou artístico, que resulte em benefício de muitos,
a gente experimenta quanto vale por ele viver
e lutar. Se você, premido pelo insucesso,
sente vontade de abandonar os ideais que abraçou,
siga o exemplo desses que souberam viver.
Seus atos valem mais do que mil palavras de estímulo.
Cada uma das frases por eles proferidas
e aqui citadas
vale por um programa de vida.

D. Walter Ivan

Sumário

Raoul Follereau, o andarilho da caridade 9

Teresa de Calcutá, o amor produz amor 19

Mahatma Gandhi, o paladino da não violência 31

Winston Churchill, nunca tantos dependeram de tão poucos 39

Walt Disney, o fabricante de sonhos 49

Guilherme Marconi, o mago da comunicação 69

Civilizadores do passado 79

Zilda Arns, "O segredo é trabalhar com amor" 91

Eles souberam viver, apesar de… 101

Dom Bosco, os três sonhos 103

Stephen Hawking, uma inteligência brilhante
num corpo em destruição 123

Van Thuân, testemunha da esperança 131

Bibliografia 141

Raoul Follereau
O andarilho da caridade

Primeiro encontro com a miséria

África, 1935.

Calor sufocante. O jovem repórter Raoul enxuga o suor que lhe escorre da fronte, enquanto o velho Ford sacoleja de buraco em buraco na estrada horrível.

O que o levou a meter-se naquele caldeirão africano, ao invés de se deixar ficar na sua amena França?

Repórter a serviço do jornal argentino *La Nación*, aceitou acompanhar um safári na imensidão das savanas africanas. E agora, ei-lo ali, a suportar as agruras de uma viagem cheia de imprevistos. Como esse que acaba de acontecer. De improviso, o motorista detém o carro.

— O radiador está como uma caldeira fumegante. Precisamos encontrar água, senão...

Na urgência de buscá-la, os dois homens percorrem sob o sol escaldante o descampado em direção a um bosque não muito longe.

Nesse deserto, um grupo de árvores é indício de poço ou de nascente.

De fato, acham um tênue riacho serpenteando entre árvores retorcidas.

Ao chegar, Raoul divisa por trás da folhagem uma série de olhos assustados a fitá-lo. Magros, macilentos e mal cobertos de andrajos, um grupo de nativos cor de carvão tenta se esconder por detrás dos troncos ressequidos.

– Que fazem aqui sozinhos neste ermo? Por que não vão à aldeia que acabamos de atravessar?

– São leprosos – foi a lacônica resposta do motorista.

– Se são doentes, por que não procuram auxílio em lugar habitado, numa cidade?

– Leprosos na cidade? Nunca! – responde com maus modos o motorista e fecha-se num mutismo obstinado.

O jovem jornalista compreende que havia descoberto um drama social terrível, pior que a própria doença. Era a repulsa da população que enxotava os leprosos para aquele deserto, longe de qualquer ajuda e alívio.

Prosseguindo sua viagem pelo continente, constatou com espanto que eram os próprios governos locais que naquela época os repeliam para longe das habitações e os confinavam em reservas semelhantes a campos de concentração pela força das armas.

Mas... e os hospitais? Os asilos? Ao contrário, o que viu? Cercas de arame farpado a rodeá-los. Soldados munidos de metralhadora os vigiando. E o mundo ignorando comodamente tudo isso.

Não! Aquilo não podia continuar assim.

Após aquela viagem, o repórter decidiu gritar ao mundo todo pelo rádio e pela imprensa a sua indignação por tamanha barbárie.

– Hei de reverter tal situação!

O fantasma do contágio

Mas, afinal, o que é a lepra?

Lepra, hoje chamada hanseníase, é uma doença infectocontagiosa crônica, causada no ser humano por um micróbio conhecido como "bacilo de Hansen", desde que seu descobridor Gerhard Hansen o identificou em 1873.

O terrível micróbio causa progressivamente deformações apavorantes: o rosto incha como se fosse atacado por um enxame de maribondos. Nariz e orelhas se desfazem e acabam por desaparecer. Mãos e pés se deformam de tal modo que se reduzem a cotos retorcidos e sem dedos. Os nervos periféricos do rosto, braços e pernas não transmitem mais a sensibilidade, de modo que o doente, estando perto do fogo, pode se ferir e se queimar gravemente sem perceber.

E como a doença, conhecida desde remota antiguidade, era considerada contagiosa e incurável, causou durante milênios e até quase o fim do século vinte tamanho horror e repulsa que os infelizes que a contraíam acabavam por ser enxotados do convívio humano como uma ameaça à sociedade. E mesmo as crianças sadias, mas filhas de mulheres leprosas, eram afastadas dos seus pais e condenadas a viver num leprosário ou num preventório, sem esperança de um futuro feliz.

Adzopé

Diante desse quadro horroroso de descaso mundial por tamanho problema humano, Raoul Follereau decidiu colocar a serviço da propaganda toda a sua capacidade jornalística e os seus recursos financeiros.

A ocasião surgiu durante a Segunda Guerra Mundial. Também ele fora mobilizado por um ano. Quando, porém, a França se viu ocupada pelas forças alemãs, teve de fugir porque havia criticado abertamente pelo rádio a tirania nazista.

Oculto no Convento de Nossa Senhora dos Apóstolos, em Vénissieux, subúrbio de Lion, conheceu Madre Eugênia, a superiora geral que desde 1939 sonhava fundar na Costa de Marfim, no coração da África, uma cidade de leprosos, onde eles pudessem circular livremente, plantar e colher, contrair matrimônio, comerciar e progredir.

Raoul assume como seu esse arrojado projeto. Antes mesmo do término da guerra, funda no rádio a "Hora dos Pobres" e difunde por todo o mundo a sua voz ardente: "Diante da tragédia da guerra, de tanta ruína, decadência e felicidade destruída, quem entre nós é ainda capaz de reconstruir, de trazer alívio aos outros, de amá-los? Eu proponho aos meus ouvintes que cada um de nós reserve por ano ao menos uma hora do nosso pensamento, do nosso trabalho e do nosso salário e a consagre aos pobres como uma obra de amor. Não é uma esmola, é um ato fraterno pelo qual podemos renunciar ao egoísmo e criar uma imensa cadeia de amor. Dirijo-me a todos: sejam fiéis ou incrédulos, grandes e pequenos, ricos e pobres. Basta para nós saber que existem tantos infelizes e que podemos ajudá-los".

"A ideia se tornou imediatamente uma força", comentou mais tarde o próprio Raoul. Ao seu apelo, choveram milhares de doações de todos os tipos, tanto de empresários e de simples operários quanto, sobretudo, dos jovens... De todas as partes. Em dez anos, mais de 250 milhões de francos se juntaram e se transformaram em hospitais, dispensários, asilos de infância, escolas.

Mas... e os leprosários?

Terminada a guerra, Raoul passou a percorrer França, Bélgica, Suíça, Tunísia, Marrocos, proferindo muitas conferências no esforço de promover a construção de Adzopé, na Costa do Marfim, a Cidade dos Leprosos: "É preciso que se urre a todo o mundo essa verdade: eles vivem sem cuidados, sem ajuda, sem amor! Eu os vi!".

Começa, então, a construção do que para muitos era uma utopia: mil e duzentos operários são arrolados na própria região africana para desbastar a floresta, retirar os tocos, aplainar o terreno.

De repente, uma parte deles foge, porque alguém havia espalhado o boato de que a floresta era infestada de maus espíritos. Outros são contratados. Cria-se uma plantação para prover alimento para tanta gente.

E à medida que as ofertas vão chegando, moradias modestas mas limpas e arejadas vão surgindo, ruas e largos arborizados. Um hospital para os casos mais graves. Enfermeiros voluntários chegam de várias partes do mundo e, aos poucos, de todos os cantos vão se aproximando leprosos e povoando aqueles logradouros feitos para eles.

Os ouvintes da Hora dos Pobres haviam oferecido ao todo vinte mil horas de salário por Adzopé. E enquanto na guerra da Coreia as bombas voltaram a ceifar vidas de jovens e crianças, surgia na longínqua África, em silêncio, uma obra de amor e de vida.

Em 1950, Raoul Follereau visitou Adzopé, que ele incentivava e financiava de longe. E se comoveu com o coro suave das crianças que, felizes, cantavam à noite na igrejinha. Hoje, a cidade abriga o Instituto Nacional de Leprologia Raoul Follereau, sustentado pelo governo da Costa do Marfim.

O andarilho da esperança

Mas não parou por aí. Raoul passou a receber cartas de leprosos que lhe chegavam de todo o mundo: "Adzopé é uma só", diziam. "E nós? Somos milhões. Continuaremos sem amparo?"

Eram realmente milhões os leprosos no mundo todo? Resolveu verificar *in loco* a veracidade de tão grande cifra. E viu. O que via, relatava ao mundo cruamente, sem arroubos de literatura: as já citadas metralhadoras para conter os doentes no seu confinamento; os campos de concentração; pessoas cobertas de chagas pululantes de vermes e de moscas; farmácias vazias; sentinelas disfarçadas em enfermeiros; doentes famintos, nus, aterrorizados. Quantas vezes houve governos que o recebiam mal, negando-se a revelar a existência dessa enfermidade no seu território!

"Hei de gritar tão forte e tão longamente que a consciência universal será obrigada a interromper a própria sesta. Os que resolveram ser cegos e surdos a essa barbárie acabarão um dia por ouvir-me. Não, isso não pode durar!"

Passou, então, a bater à porta dos próprios governantes e precisamente da ONU. Em 1952 escreveu à Presidência da 7ª Assembleia Geral das Nações Unidas: "O leproso é um doente como os outros. Tem os mesmos direitos". E como na época se havia descoberto que o contágio não se dava por contato físico como abraço e aperto de mão, nem pelo uso de pratos e talheres supostamente contaminados, mas somente pela tosse ou pelo espirro do enfermo, acrescentava: "Não há, pois, necessidade de confinamento".

A ONU respondeu com o silêncio. Mas Raoul não era de perder o ânimo. Em 1954 apelou para que a Assembleia Nacional Francesa pressionasse a ONU em favor da sua proposta.

A resposta não veio logo. Mas vários governantes, sensibilizados, emanaram leis e regulamentos em prol de uma assistência mais humana aos leprosos.

Ele, porém, foi mais além: escreveu aos presidentes dos Estados Unidos e da União Soviética, os dois seres mais poderosos do mundo naqueles tempos de Guerra Fria: "O que vos peço é tão pouco, para vós é quase nada. Dai-me a quantia referente a um dos vossos aviões de bombardeio, um só. E com o preço de dois bombardeiros, garanto que farei desaparecer a lepra da superfície da Terra. E o bom Deus, no qual um de vós não crê, mas que ama a ambos, se alegrará".

Nenhum dos dois grandes presidentes respondeu. Mas não faltou a resposta do mundo. De novo a caminho, acompanhado pela sua fiel esposa Madalena, voltou Raoul a percorrer o planeta como o Andarilho da Esperança. Líbano, Síria, Paquistão, Indochina, Nova Caledônia, Ilhas Fiji, Taiti, Havaí, Estados Unidos... em 102 dias percorre 65 mil quilômetros, visita 73 leprosários e hospitais, pronuncia 52 conferências, 13 delas difundidas pelo rádio para sacudir a opinião pública mundial.

Assim como inventara a Hora dos Pobres, naquele mesmo ano de 1954 cria a Jornada Anual pelo Leproso para que as nações do mundo compensem com suas doações o silêncio dos dois grandes líderes mundiais. Vinte países respondem àquele primeiro apelo. No ano seguinte, foram 60 os países a responder. Enquanto isso, multiplicaram-se a mais de quatrocentas suas transmissões radiofônicas e televisivas em prol dessa iniciativa. Em 1957, por ocasião da quarta Jornada, realizada em Madagascar, duas mil pessoas visitaram os leprosários, sem medo de contágio. E 80 países responderam à iniciativa.

Estava conseguindo o seu objetivo: abolir da população o medo e aversão milenares ao leproso e fazer o mundo estender a ele a mão como a um irmão. "Porque – repetia frequentemente – a única verdade é o amor." Este tornou-se depois o título de um de seus livros.

"Ninguém tem o direito de ser feliz sozinho", repetia ao mundo todo pelo rádio. "Não percamos o tempo julgando os outros. Ensinemos de novo os homens a amar. Construamos! Não conseguiremos fazer tudo? Não veremos sequer o resultado da nossa luta? Não importa! O importante é semear. A gente tem no coração uma força estupenda, quando se está seguro do bem que se pode fazer. Todo amor que for semeado, cedo ou tarde, há de florescer. Viver é fazer viver. A felicidade, só se tem certeza de possuí-la quando se dá felicidade."

A resposta dos jovens

Foi marcante, dentre todas, a resposta dos jovens de todo o mundo aos seus apelos, que Raoul descreve com muitos exemplos no seu livro acima citado: "Mais de um milhão de jovens de 195 nações escreveram oferecendo 'um dia de guerra pela paz'". E escrevia: "'Deem-me um ponto de apoio e eu levantarei o mundo' – disse Arquimedes. O ponto de apoio de vocês é o amor. A única palavra suficientemente grande para conter a felicidade. Mas a felicidade é, antes de tudo, o que promovemos para os outros. É a insatisfação de ser feliz sozinho. À obra, portanto, amigos!".

Mais tarde, em 1º de setembro de 1964, dirigia-se aos jovens de 14 a 22 anos: "Eu lhes pedi: querem ajudar-me? E revelei a vocês o apelo que fiz anos atrás à ONU. Vocês me responderam em número de um milhão. Em cartas vindas de mais de cem países. Elas invadiram minha mesa de trabalho, meu escritório, minha casa. E cada dia, milhares de assinaturas se ajuntam às de vocês...".

Com o passar dos anos, o número subiu a dois milhões.

Raoul Follereau, nos últimos meses de vida, escrevia aos jovens: "Fiz 32 vezes o giro no planeta e agora não consigo fazer a pé nem cem metros com minha bengala. Mas vocês são a minha recompensa. Por trinta anos me esforcei para tirar o sono dos responsáveis pela saúde e bem-estar no mundo. Hoje, dois milhões de leprosos estão curados. É um resultado. Mas outros milhões estão à espera de vocês, à espera de nós. A batalha contra a lepra não acabou".

Raoul Follereau morreu em 1977, aos 74 anos de idade. Havia produzido 44 escritos entre livros e opúsculos, e percorrido o mundo 32 vezes difundindo suas ideias. Havia fundado iniciativas que congregam ainda hoje muitos auxílios pelos necessitados de todo o mundo, como a Hora dos Pobres, o Natal do Pe. De Foucauld, a Greve contra o Egoísmo, o Dia Mundial do Leproso, o Dia de Fazer Guerra pela Paz.

Existe, baseada em seus esforços, a Associação dos Amigos de Raoul Follereau (AIFO), com sede em Bolonha, na Itália, que contribui para o funcionamento de 117 centros de cura para leprosos, 15 programas de cura em nível de nações, 9 projetos de pesquisa científica a respeito da doença e 6 centros de formação para médicos e enfermeiros. Difunde, além disso, um periódico mensal de propaganda. Seu trabalho tornou possível até 1988 a cura total de 250 mil leprosos em 42 nações e hoje prossegue no mundo sua atuação.

E a lepra, está sendo vencida?

Foi só no limiar da década de 1980 que se descobriu a sua cura completa por meio da poliquimioterapia (PQT), que consiste no emprego conjunto de três remédios, num tratamento que vai de seis meses a dois anos e pode ser encurtado, se usado a tempo. O mundo percebeu com alívio que o contágio é menos fácil do que de muitas outras doenças. E mais: assim que começa o tratamento, embora permaneçam as deformações já adquiridas, o micróbio e o contágio deixam de existir. Pode, pois, o ex-leproso conviver com a sociedade, casar, ter filhos, praticar uma profissão e o comércio, sem necessidade de confinamento.

Em 1982 a OMS (Organização Mundial de Saúde), prescrevendo a todo o mundo o uso do PQT, anunciou que promoveria a erradicação da doença até o ano 2000.

Terá conseguido? Não totalmente. O esforço foi grande, mas ainda a doença é preocupante: até o início de 2010 ainda se constatavam em todo o mundo 700 mil casos novos por ano, sendo 78 mil no Brasil. Brasil e Índia, países grandes como um continente, são onde a incidência da lepra é maior.

Mas a mudança de mentalidade na população mundial, que tanto sofrimento e miséria causava aos doentes, enxotando-os para longe, foi se realizando aos poucos e continua hoje sobretudo por obra de uma conscientização constante promovida por diversas organizações oficiais e particulares.

O grande mérito de toda essa conquista se deve à persistência do Andarilho da Caridade. Consagrando a esse ideal toda a sua capacidade de jornalista e de comunicador, e a maior parte de seu tempo e seus recursos, de fato *Raoul Follereau soube viver.*

E você, leitor?

Teresa de Calcutá
O amor produz amor

Como nasce uma vocação – Primeiro ato

A jovem Anjezë Gonxhe Bojaxhiu (que nome! Não estranhe: na Albânia, onde nasceu aquela que depois se chamou Teresa, a língua e os nomes são muito diferentes dos daqui) tinha apenas 18 anos de idade quando uma ideia corajosa lhe acendeu na cabeça. Ela mesma conta: "Eu estava rezando aos pés de Nossa Senhora de Letnice (uma cidadezinha perto de Skopje, lugar onde nascera). Segurava uma vela nas mãos. Foi quando decidi me consagrar inteiramente a Deus. Deus me chamou para ser sua por inteiro, consagrando-me a ele no serviço aos necessitados".

Esse desejo ela vinha alimentando havia algum tempo. Amadureceu naquele momento.

Foi influenciada talvez pelo exemplo de sua mãe que dizia com frequência: "Os pobres são nossos irmãos", e pela leitura de uma publicação missionária que costumava folhear na paróquia.

Assim nascem as vocações. A própria palavra "vocação" quer dizer "chamamento". Chamado de Deus. Assim como Deus chamou os profetas no passado, assim chama as almas em qualquer tempo e lugar, sem violentar a sua liberdade: "Se você quer, venha e siga-me", disse Jesus ao jovem do Evangelho.

E ela, Teresa, o seguiu. "Mas... onde será que Deus me quer?" Pobres e necessitados de auxílio existem em toda parte. Aquela revista missionária falava muito da Índia e descrevia com cores sinistras as condições da pobreza de grande parte da população.

"Como fazer para realizar o meu projeto?", aconselha-se com o pároco do lugar, um jesuíta muito virtuoso e preparado. Ele, que havia tempo conhecia as qualidades daquela alma pelo sacramento da Confissão, a encorajou, ainda que aconselhando prudência e oração. A mãe sentiu grande angústia ao saber, mas não a impediu.

E assim chegou o dia da sua partida para a Índia. O único caminho possível foi através das Irmãs de Nossa Senhora de Loreto, que trabalhavam na sua terra natal e também na Índia, sobretudo na educação das crianças. Tratou com elas.

Que viagem! Saiu de casa em novembro, a sacolejar nos trens e navios da época e daquela região oriental, e só a 6 de janeiro chegava pelo rio Ganges a Calcutá.

Sua primeira impressão foi dolorosa, ao ver o jinriquixá, veículo comum nas ruas da cidade: uma charrete puxada por homens esquálidos, tratados como animais.

Completados os dois anos de Noviciado ao sopé do Himalaia, entre as Irmãs de Loreto, profere os votos religiosos e recebe o nome de Teresa.

Obtém em seguida o diploma de magistério e passa a trabalhar em Calcutá como professora.

Sentia-se plenamente feliz com as Irmãs de Loreto e com o trabalho educativo, lecionando no colégio. Ao mesmo tempo, percorria a cidade e constatava pessoalmente tudo quanto a revista missionária lhe tinha informado sobre a miséria reinante entre as classes mais pobres. Ela mesma, naquelas visitas aos casebres mais humildes, passou a levar consigo algumas de suas alunas da escola.

"Cristo está presente na Eucaristia sob a aparência de pão e nas ruas sob o rosto dos pobres", afirmava.

Foi aí que Deus a chamou pela segunda vez.

Como nasce uma vocação – Segundo ato

Aquele dia, ela o chamou de "o dia da inspiração".

Foi em setembro de 1946.

Havia aprendido bem o bengalês, a língua do povo que recebia sua assistência todos os dias. Continuava como professora, mas todos viam como seu tempo disponível era empregado a percorrer o ambiente dos pobres. Tocadas por seu exemplo, mais alunas a acompanhavam.

Um dia, encontra na beira da calçada uma senhora agonizando de fome, próximo a um hospital. Toma-a nos braços e a carrega para a porta do hospital. Não a querem receber, citando-lhe os requisitos impostos pela burocracia. Não houve tempo para consegui-los. A mulher morre-lhe nos braços.

Pouco depois, sob o impacto desse acontecimento, quando viajava a caminho dos exercícios espirituais em outra cidade, acende-lhe no trem a ideia: "E se eu me fizesse como esses pobres, indiana como eles, com a mesma mentalidade e revestida do mesmo sári que eles usam e das mesmas condições de penúria e incerteza?".

Não foi uma ideia precipitada. Ruminou-a longamente, aconselhou-se com o confessor, com o bispo, com a superiora do convento. Mas uma voz interior parecia repetir com insistência, como outrora a voz de Deus que impelia os profetas à sua missão.

A voz insistia: "Eu desejo religiosas indianas, que sejam pelos pobres como Marta e Maria reunidas, que acendam o fogo do meu amor entre os pobres, os pequenos, os doentes, os moribundos. Deixe-me agir por você e confie em mim. Você vai me negar isso?".

Tratava-se de uma opção difícil: deixar o convento onde ela vivia tão feliz, abraçar a solidão, a ignomínia, a incerteza da vida dos pobres da Índia, optar por viver do mínimo para se sustentar e, conservando os votos religiosos, criar a Congregação das Missionárias da Caridade.

Escreveu duas longas cartas ao bispo, expondo a ideia e acrescentando: "Há seis moças indianas e duas belgas que querem vir comigo. Não me apoio em fantasias. Não construo sobre visões nem acredito nelas. Quero cumprir a vontade de Jesus, mesmo na eventualidade de nada conseguir".

Era "um chamado de Deus dentro do chamado", uma nova vocação dentro da que ela havia abraçado.

Sabia muito claramente onde Deus a chamava para exercer essa corajosa vocação. Mas... como começar?

Os primeiros passos

O "como" veio chegando aos poucos.

1. Era o tempo em que a Índia havia conquistado sua independência do domínio inglês. Teresa, como primeiro passo para se adequar ao povo, obteve a nacionalidade indiana.

2. Deixar o convento foi duro. Eram passados vinte anos que lá vivia em grande paz e harmonia com as Irmãs de Loreto e de onde partia diariamente para o serviço dos pobres. Mas aquela voz a chamava com insistência a inserir-se totalmente no ambiente deles, com toda a quantidade de renúncias e incertezas que essa vida trazia.

Vencendo todos os temores, deixa Loreto em 1948, vestida com o sári dos pobres, em tudo identificada com eles.

Também esta não foi uma decisão precipitada. O bispo, que a princípio havia se negado a dar seu consentimento, acabou, tal como o seu confessor e a superiora do convento, reconhecendo a voz de Deus naquele propósito arrojado. E decidiu: "Você pode ir adiante".

3. O trabalho em favor dos mais pobres já prosseguia havia tempo. Mas, realista como era, viu que o cuidado em favor dos doentes exigia dela e de suas seguidoras mais do que apenas a boa vontade: um bom aprendizado de enfermagem. Empreendeu, pois, uma viagem de trem a trezentos quilômetros de Calcutá, onde Madre Dengel, fundadora das Irmãs Missionárias Médicas, lhe proporcionou por três meses esse aprendizado.

No momento de partir, munida só da passagem e de cinco rúpias, um mendigo lhe pede um auxílio para mitigar a fome. Dá-lhe imediatamente quatro rúpias. Na estação, certo sacerdote lhe pede uma contribuição para a boa imprensa. Ela lhe entrega a rúpia restante. E ia embarcar assim, sem dinheiro para se alimentar, quando o próprio sacerdote lhe diz:

— Alguém me entregou esta carta selada. Está em seu nome.

Recebe-a sem saber de onde vinha. Ao abri-la no trem, viu que continha a contribuição providencial de cinquenta rúpias.

4. Havia decidido viver numa pobreza extrema e assim formar suas seguidoras. Alimentar-se só de um pouco de arroz com sal, tal como faziam os mais pobres, e sempre andar a pé no percurso aos casebres e no atendimento aos doentes e moribundos.

A experiente Madre Dengel a dissuadiu dessa dieta tão insuficiente. E mostrou como o serviço itinerante aos mais necessitados exigia maior presteza na locomoção. Por isso, com o tempo, suas companheiras aprenderam a andar de bicicleta e, mais tarde, a usar uma caminhonete.

Ela mesma sentiu na carne esse problema: "Em busca de um lugar onde viver, tive de andar, andar, até me sentir esgotada e com dores nas pernas e nos braços. Vi quanto os pobres sofrem todos os dias procurando asilo, comida e saúde!".

Expande-se a caridade

Era necessário, pois, encontrar um posto onde alojar a si mesma e as cerca de dez jovens que, a princípio, a acompanhavam no trabalho cotidiano. Um professor muito zeloso chamado Michael Gomes, de origem portuguesa, lhe oferece o andar de cima de sua casa, desabitado. Ela o visita e diz:

– Mas é muito grande para nós!

O pároco a exorta a aceitar e, com acento profético, acrescenta:

– Em breve se tornará pequeno.

De fato. Em pouco tempo, o número das que com ela adotaram aquela vida cresceu e se multiplicou tanto que hoje as Irmãs Missionárias da Caridade, como vieram a se chamar, se estendem em muitas presenças por toda a Índia e no mundo, em número de mais de cinco mil, caracterizadas pelo hábito indiano branco com listras azuis.

5. Mas e naquele momento inicial? Estavam morando num bairro paupérrimo, sem escolas. Percorrendo-o no primeiro dia, Teresa faz amizade com os primeiros cinco meninos que dela se acercam. Ali mesmo, ao ar livre, se põe a alfabetizá-los e a providenciar-lhes um pouco de higiene, de que tanto precisavam. No dia seguinte, eram quinze. Mais dois dias e chegaram a quarenta. Intuiu logo ser necessária uma casa onde alojá-los e instruí-los. Não só: ao encontrar na rua uma criança chorando ao lado do corpo de sua mãe morta, iniciou com igual coragem o Lar dos Órfãos e de crianças com deficiências físicas.

Mas o que mais lhe confrangia o coração era o abandono a que sobretudo os velhos se viam atirados.

Recolheu um dia uma anciã que agonizava no meio de escombros infestados de formigas e de ratos. Sua mágoa maior, mais que a da fome, era: "Foi meu filho que me jogou aqui!" – lamentava ela, chorando.

Transportou-a num carrinho de mão até o hospital e não se retirou da porta enquanto não a receberam.

Era tão frequente o número dos velhos que agonizavam pelas ruas que chegou à conclusão:

– Vamos pedir à Prefeitura que nos destine uma casa para recolher os que estão morrendo.

– Para quê? – objetavam os céticos. – Já que estão mesmo morrendo...

Respondia:

– Se não os pudermos salvar, é para que morram nos braços de quem lhes dê o conforto que os tira do abandono e lhes assegura um momento de paz e de respeito à sua dignidade humana.

"Ao longo de 25 anos recolhemos mais de 36 mil doentes graves pelas ruas, dos quais uns 16 mil, já agonizantes, morreram em nossas mãos."

Foi-lhe dado um recinto junto ao templo da deusa Kali, que muito lhe custou pôr em ordem, imundo como estava. Fez escrever sobre a porta: "Lar do moribundo abandonado" e distribuiu suas Irmãs em dois grupos: aquelas preparadas para o atendimento aos doentes e moribundos e as dedicadas à instrução das crianças pobres.

Com o tempo, em vários lugares surgiram hospitais, escolas gratuitas e até teares onde as mães podiam trabalhar ganhando a vida enquanto suas crianças iam à escola.

Mas... e os adoradores de Kali? Viam com maus olhos a presença daquela Irmã perto do templo. Kali é uma deusa representada de forma terrificante, por ser considerada a eterna combatente dos espíritos maus e seus seguidores.

De rosto escuro (Kali significa "a Negra"), cabelos longos e soltos, quatro braços, espada em uma das mãos, um crânio de gigante na outra, traz ao pescoço um colar de crânios dos inimigos. É representada dançando sobre o peito de Siva, seu esposo.

Uma seita fanática formada no passado, que cometia assassinatos sob a pretensa ordem de Kali, subsiste até hoje no norte da Índia. Um dos seus adoradores se pôs de tocaia com uma faca na mão para matar Madre Teresa.

Quando, porém, a viu em plena rua, toda entregue ao socorro dos doentes e desamparados, saiu transtornado, a dizer aos seus companheiros: "Vi nela a própria deusa Kali!".

E quando um dos frequentadores daquele templo caiu gravemente enfermo, eles mesmos a procuraram, solicitando o seu auxílio. Recebeu-os com carinho: "Acabaram tornando-se nossos colaboradores e amigos".

Assim, sem proselitismo, só pelo testemunho da caridade, conquistava o coração dos próprios hindus e muçulmanos.

Um exemplo: conforme preconizara o pároco, o alojamento das Irmãs tornou-se pequeno. Dez moças no primeiro ano, eram agora trinta no segundo. Em busca de lugar mais amplo, pechinchou com um muçulmano, segundo o costume oriental, começando por pedir o preço mais baixo. O homem disse:

— Vou à mesquita consultar Alá e depois responderei.

Voltando, declarou:

— Alá me aconselhou a aceitar o preço mais baixo.

Mas também os leprosos estavam sob a sua mira. Quando dispôs de mais Irmãs, Teresa realizou o plano com que havia tempo sonhava: uma povoação para os leprosos, na qual pudessem ter casa própria, casar-se e realizar um trabalho honesto e produtivo. Chamou-a de Cidade da Paz. O sári das Irmãs da Caridade era confeccionado lá.

Eis o testemunho de um dos leprosos ali recolhidos:

– É maravilhoso ouvir que Deus me ama, mesmo desfigurado como estou.

Em 1964 encontrou-se com Paulo VI, na histórica viagem do Papa a Bombaim e Nova Deli. Profundamente impressionado pela espiritualidade daquela Irmã e por sua laboriosidade incansável, o Sumo Pontífice dá-lhe de presente o carro com que percorreu as cidades da Índia. Madre Teresa jamais usou esse veículo. Rifou-o em prol da construção da cidade dos leprosos.

Na ocasião do encontro com o Papa, os repórteres da TV a procuraram para uma entrevista exclusiva. Não a encontraram: havia saído para atender um doente.

Um jornalista que a observou cuidando de um doente acometido de moléstia contagiosa, exclamou:

– Nem por mil dólares eu faria isso!

E ela:

– Nem eu. Nem por três mil. Eu o faço pelo amor que Jesus tem para com esse irmão.

Trabalho humilde e cotidiano

Seu trabalho e o de suas Irmãs não constava de atitudes espetaculares, mas de um humilde serviço nas coisas mais simples do dia a dia. Costumava afirmar: "Acho que Deus criou a mulher talvez não para fazer grandes coisas, mas para realizar as pequenas com grande amor". Disse uma vez em público, em 1976: "É costume da nossa organização que nossas Irmãs deem voltas e mais voltas pelas ruas, procurando por todos, vendo a todos, caminhando sem cessar até que as pernas não mais resistam, tendo em vista descobrir onde se encontra a maior necessidade, a fim de começar por aí".

Limpar a casa, lavar a roupa, fazer a cama dos mais abandonados era serviço frequente. Na casa de um deles, encontrou uma artística lamparina, há anos apagada e toda coberta de poeira.

– Por que você não a acende?
– Para quê? Vivo sozinho. Ninguém me vem visitar. Fico no escuro mesmo.

Acendeu-a e passou a visitá-lo amiúde. Anos depois, quando viajava pelo mundo, recebeu daquele homem o recado:

– Digam para ela que a luz que acendeu em minha vida continua brilhando.

O amor produz amor

Quando alguns homens perguntaram a Jesus: "Onde você mora?", ele respondeu: "Venham e vejam". Foram e nunca mais o deixaram.

Assim foi também com Madre Teresa: "Nosso Noviciado está transbordando de tão cheio". Não só as jovens se sentiram impelidas a unir-se a ela na nova Congregação: "Somente nos últimos dois meses – atesta –, recebemos mais de quinze rapazes, resolvidos a dar tudo de si mesmos no trabalho pelos pobres".

Por volta de 1968, muitos colaboravam com ela em sua obra humanitária. Um deles, feito sacerdote e formado pelos jesuítas no espírito de Santo Inácio, tornou-se por obra da Providência o cofundador do ramo masculino dos Missionários da Caridade, com o nome de Irmão Andrew. Dirigiu seus companheiros até 1987 com o título de "servo geral".

"O trabalho de Madre Teresa – dizia ele – é o milagre da multiplicação dos pães repetido 365 dias por ano."

Mas também voluntários leigos e até não cristãos iam e vinham para ajudá-la. "Não lhes pergunto quem são nem de onde vêm" – dizia ela. "Nem mesmo qual religião professam. Ou se pretendem fazê-lo só por um dia ou mais. O que importa é a escolha que fazem pelos pobres."

Aos que propunham criar instituições para recolher fundos em prol de suas obras, retrucava: "Não peço dinheiro. Nosso trabalho tem de ser obra de amor. Não deem a eles apenas aquilo que lhes está sobrando. Deem o que lhes custa dar".

E em outra ocasião: "Não somos ativistas sociais. Somos contemplativas, porém inseridas no mundo de hoje, para tentarmos tomar ao pé da letra o dito de Jesus: 'O que fizeste ao mais pobre, a mim o fizeste'".

Aí vão pequenos fatos, quando se trata de compartilhar o que se tem.

Ao saber que uma mãe hinduísta com oito filhos havia passado mais de dois dias sem comer, levou-lhe pessoalmente uma boa cuia de arroz. E se surpreendeu quando a mulher separou a metade e levou-a para fora.

– É para minha vizinha – explicou –, também ela está passando fome com seus filhos.

Ao tomar um bonde, um homem pobremente vestido a fita nos olhos e pergunta:

– A senhora não é Madre Teresa? Permita-me pagar-lhe esta viagem.

Um dia, bate-lhe à porta um mendigo:

– Quero oferecer-lhe para seus pobres as esmolas que consegui coletar no dia de hoje.

– Mas você vai ficar sem comer se fizer isso...

Mesmo assim, aceitou, para não humilhar o doador. Por vários dias, aquelas poucas moedas ficaram sobre a mesa, como exemplo de quem soube imitar a viúva do Evangelho.

E o garotinho de quatro anos de idade que veio lhe ofertar o açúcar que economizou no seu leite cotidiano, como oferta aos pobres?

São fatos que falam mais que mil discursos.

Torna-se imortal

Em 1979 recebeu o Prêmio Nobel da Paz. Já era conhecida e celebrada no mundo todo, apesar da simplicidade de vida e de trato que nunca abandonou.

"Nosso trabalho se desenvolve principalmente com moribundos, idosos, órfãos, crianças abandonadas e hansenianos. É uma tarefa difícil, mas torna-se fácil pelo hábito. É nela que a gente treina desde o Noviciado."

Mas o tempo vai passando nesse trabalho intenso. A partir dos setenta anos de idade, multiplicam-se os problemas de saúde de Madre Teresa. Ao se aproximar o fim da fundadora, no entanto, as Irmãs Missionárias da Caridade, em número de quase quatro mil, já se estendiam pelo mundo inteiro em 585 obras ao longo de 120 países.

Ela faleceu em 5 de setembro de 1997. O funeral foi celebrado num estádio, único lugar possível para conter o número de pessoas que acorreu, entre as quais, muitos dos seus pobres. Além de várias autoridades políticas indianas e estrangeiras.

Em 29 de outubro de 2003, em solene cerimônia na praça de São Pedro em Roma, o Papa João Paulo II a proclamou Bem-aventurada.

Muitos dos fatos aqui narrados foram colhidos do belo livro que conta sua vida: "Teresa de Calcutá", escrito por José Luís González-Balado, com muitos pormenores aqui não relatados.

Teresa de Calcutá apenas soube viver? Foi alguém que soube imortalizar o seu testemunho de vida.

Mahatma Gandhi
O paladino da não violência

A força da verdade

O heroísmo daqueles "que souberam viver" não se manifesta somente por parte dos que dedicam sua vida a um serviço humanitário em favor dos doentes, dos pobres ou necessitados. Encontra-se nos mais diversos campos. Também no da ciência, da arte ou da política.

Haja vista aquele homem baixinho e magro que, sem ter empunhado uma única arma letal em toda sua vida, sem fazer o mal nem sequer aos animais, enfrentou o poderio absoluto do imenso Império Britânico e tornou-se no século passado o herói da independência da Índia: Mahatma Gandhi.

A Índia é um verdadeiro continente pela extensão de seu território – mais de 3 milhões de km^2 – e por abrigar mais de um bilhão de habitantes. É o segundo país mais populoso do mundo.

Com uma história e uma cultura milenar, era desde o século XVI alvo de incursões colonialistas de vários países europeus, até cair em 1856 sob o domínio da coroa britânica, que lá colocou um vice-rei.

Gandhi conhecia muito bem as leis colonialistas inglesas, pois fez seus estudos na Inglaterra, onde se formou em Direito.

Começou sua vida profissional como advogado de uma firma indiana na África do Sul, quando lá dominava o "apartheid", uma rígida legislação que negava aos negros e asiáticos o direito de serem respeitados como cidadãos e os tratava como pessoas inferiores.

Um dia em que viajava de trem na primeira classe, foi atirado com violência para fora do veículo numa estação intermediária para dar lugar a um passageiro europeu: "Homem 'de cor' não pode ocupar a primeira classe!".

A partir desse incidente, resolveu lutar pelos direitos de pessoas assim tão injustamente discriminadas.

O governo do país havia exarado uma lei humilhante: os indianos que o habitavam deveriam colocar num registro suas impressões digitais, tal como se faz com os criminosos. E levar consigo o certificado desse registro para apresentá-lo a qualquer momento às autoridades.

Clamou pela imprensa contra essa injustiça e conclamou o povo a uma resistência pacífica, queimando publicamente seu certificado, juntamente com o dos que o acompanhavam.

A polícia colonialista o espancou até fazê-lo cair ao chão. Mesmo ferido, arrastou-se a recolher os certificados espalhados pelo chão e continuou a colocá-los no fogo.

Por isso foi preso. Mas seu nome correu de boca em boca pelos jornais, levantando tal clamor entre a população que o governo se viu obrigado a revogar aquela lei injusta e a libertá-lo.

Lançou então a *Satyagraha*, que se traduz por "a força da verdade". Consistia em levar o povo a uma forma não violenta de protesto, a uma campanha pela desobediência civil, porém pacífica.

"A verdade (*satya*) implica amor; a firmeza (*agraha*) é sinônimo de força. A força que nasce do amor. Agiremos ante as autoridades não com a violência, que as exaspera; mas com a firmeza, que os faz abrir os olhos. Não daremos nenhum golpe. Receberemos muitos, mas sem desistir."

"Embora a não cooperação seja uma das principais armas no arsenal da *satyagraha* – explicava –, não se deve esquecer de que se trata, afinal de contas, de um meio para garantir a cooperação do oponente, de acordo com a verdade e a justiça. Não é para punir nem para injuriar."

Ele a definiu como "uma força que, caso se torne universal, revolucionará as ideias sociais e anulará no mundo o despotismo e o militarismo".

Gandhi e Deus

Gandhi professava o hinduísmo, religião indiana de origem antiquíssima. Os hinduístas creem na "Trimúrti": Brahma, Vishnu e Shiva, três entidades divinas ou três aspectos de um princípio divino que penetra todo o universo.

Embora hinduísta, ele expressava sobre Deus ideias muito claras, tais como: "Creio em Deus, não como uma teoria, mas como um fato mais real do que a própria vida. Um homem com um mínimo de fé em Deus nunca perde a esperança, porque sempre acredita no triunfo final da Verdade. O homem que se entrega a Deus deixa de temer o outro homem".

Nas suas frequentes viagens de trem pela Índia, ocupava-se em orar e meditar.

"É melhor na oração ter um coração sem palavras do que palavras sem um coração." Afirmava que as palavras de Cristo no sermão da montanha eram o objeto frequente das suas meditações.

São suas estas expressões, repassadas da influência do Evangelho, que ele conhecia e prezava: "A não violência não existe se apenas amamos aqueles que nos amam. Só quando chegarmos a amar aqueles que nos odeiam, com a graça de Deus, isso será possível". E em outra ocasião: "O perdão é o ornamento do valente. Os fracos nunca perdoam".

Entretanto, os brâmanes, da poderosa casta sacerdotal do hinduísmo, criaram através dos séculos uma rígida divisão do povo em castas. Aos párias, a casta mais baixa, são negados todos os direitos, até mesmo o de ascender para uma casta superior.

Quando retornou à Índia em 1915, sentia-se disposto a negar veementemente essa humilhante separação, bem como a que vigorava entre os dominadores britânicos e os naturais do país. "Por que não podem as classes inferiores usar as calçadas e os estabelecimentos frequentados pelas classes mais poderosas?"

E chamava os párias de "povo de Deus": "Somente Deus é imortal e imperecível. Cada um de nós é bem-vindo de Deus. Mas de que vale a fé, se não for convertida em ação? É preciso tirar a Índia dessa inação".

Imbuído dessas ideias, percorre de trem o país e se espanta ante o sofrimento do povo, a trabalhar arduamente nos campos de arroz ou na criação de gado. E com o dever de entregar aos patrões ingleses grande parte do produto como aluguel do uso da terra que cultivavam.

"Não há povo na terra que não prefira o seu governo independente, mesmo se ruim, a ser dominado por estrangeiros. Nosso povo é analfabeto, mas não é cego. Se eu quiser me unir a ele, tenho que ser como ele." E passou a se vestir com o "dhoti", a roupagem branca hindu feita de um pano só, enrolado na cintura e com uma parte passando entre as pernas.

No entanto, por onde passava, o povo o recebia em massa, eletrizado por sua palavra e pelo seu exemplo. "Quando se luta por uma causa, as pessoas surgem do nada."

Espantavam-se os ingleses colonialistas com o poder de sua liderança: "Um homem magro de meio metro de altura, seminu e armado apenas de um bastão, enfrenta e faz tremer o formidável Império Britânico! Como agiremos com homens que não lutam, mas também não obedecem?".

O poder da *Satyagraha*

A ideia da não violência iluminava todas as suas palavras e atitudes.

Hindus e muçulmanos, que formam a imensa maioria dos povoadores da Índia, olhavam-se mutuamente com desconfiança. Tentando unir hindus e muçulmanos nesse mesmo ideal patriótico, ouviu muitos a sugerir a revolta armada e o recurso à matança indiscriminada como solução para libertar-se da opressão dos ingleses.

São suas lapidares palavras: "Não vejo nenhuma bravura nem sacrifício na destruição de uma vida, seja para o ataque, seja para a defesa. Vejo muitas razões pelas quais devemos estar dispostos a morrer.

Nenhuma sequer pela qual devamos matar. O mundo está farto de ódio. Sigam a lei do olho por olho e o mundo acabará cego".

Associada à não violência, lançou também na Índia como fizera na África a *Satyagraha*: a desobediência civil às leis britânicas opressoras do povo.

A reação do poderio inglês foi cruel e violenta.

Em Amritsar, enquanto uma multidão de indianos, composta em grande parte de mulheres com suas crianças nos braços, protestava pacificamente contra as leis iníquas dos governadores britânicos, um destacamento de soldados ingleses surgiu sob o comando de seu coronel e, com uma saraivada de balas, massacrou centenas daquelas pessoas indefesas.

Em outra ocasião, com Gandhi à frente, um grupo igualmente numeroso de protestantes pacíficos viu surgir um batalhão a cavalo disposto a pisotear aquela multidão. Em vez de fugir em debandada, o imenso grupo se deitou no chão, imitando o gesto do seu líder. O comandante desta vez teve o bom senso de bater em retirada com seus soldados, evitando o massacre.

A princípio, diante da reação popular, o governo afrouxava as leis que oprimiam o povo e o prendiam. Eram concessões "só para nos livrarmos dele", diziam. Mas se viam depois obrigados a libertá-lo.

"Não tomarão nossa dignidade, se não o deixarmos" – são suas palavras. – "A força gerada pela não violência é infinitamente maior do que a de todas as armas inventadas pelo homem."

A "marcha do sal"

Os ingleses proibiam aos indianos extrair do mar o seu próprio sal. Tinham de comprá-lo dos dominadores, que mantinham o monopólio. Pregando o boicote aos produtos ingleses importados, ele iniciou em 12 de março de 1930 uma caminhada em direção ao mar com 78 seguidores. O grupo foi se avolumando. Foram 124 milhas a pé num percurso de 24 dias. Ao chegarem ao litoral, eram cerca de 100 mil pessoas, tão densamente unidas a retirar o sal com seus próprios meios que os soldados, em número de 400, apesar de prender a muitos, não conseguiram dispersá-los.

"Somos capazes de viver de nossos próprios produtos", exclamava.

O governo viu-se obrigado a retirar o monopólio.

Desde aquela ocasião, começou ele mesmo a fiar manualmente as próprias roupas. E exortava o povo a fazer o mesmo: "Não há beleza no tecido importado, se ele causa fome".

Deixem a Índia!

Qual era, afinal, a causa principal pela qual Gandhi lutava? A independência da Índia! Os ingleses tinham de se convencer de que deviam se retirar do país.

Novamente preso, Gandhi é levado à presença da maior autoridade britânica da nação: o vice-rei Irwin que, temendo a crescente reação popular, tentou um acordo.

Mas ele proclamava decididamente: "Vocês devem partir deste país! Devem deixar a Índia!".

O vice-rei vê-se obrigado a enviá-lo a Londres juntamente com Jawaharlal Nehru, presidente do Congresso Nacional Indiano, líder carismático e herdeiro político de Gandhi, e outros líderes para tratar do assunto junto à Mesa Redonda do Império, há tempo já inclinada a conceder a independência tão almejada.

O governo inglês, porém, pensava na questão a seu modo: há muito planejava a divisão do território em dois países: o Paquistão, de maioria muçulmana, restando para a Índia as regiões de maioria hindu.

A isso Gandhi se opunha veementemente. E submeteu-se, como em outras ocasiões, a um jejum rigoroso para que tal divisão não acontecesse.

A divisão foi feita, infelizmente. E deu origem a migrações forçadas, a ódios, tumultos e lutas atrozes e mortais entre os adeptos das duas religiões.

O fanatismo que daí resultou corroeu o coração de muitos.

Quando, pois, em 16 de agosto de 1947, os ingleses se retiraram, Nehru assumiu o poder como primeiro-ministro do país enfim independente. A causa estava ganha.

Cinco meses depois Gandhi seria assassinado a tiros por um fanático.

Mahatma, seu nome, quer dizer: "grande alma".

Gandhi soube viver uma existência toda consagrada à paz e à liberdade. Morreu o herói, mas vive sempre o seu ideal.

A imagem da sua máquina manual de fiar – símbolo da consciência nacional – foi incorporada à bandeira nacional.

Winston Churchill
Nunca tantos dependeram de tão poucos

Militar ou político

Também de políticos ambiciosos e militaristas Deus se serve às vezes para conduzir os grandes momentos da História.

Quem poderia supor que de Winston Churchill, um jovem inglês mordaz, desafiador e independente iria um dia depender a salvação e a liberdade de milhares de pessoas?

Na sua formação, havia sido medíocre nos estudos primários e secundários. Uma professora do seu tempo de infância chamou-o "o menino mais impertinente do mundo". Os professores do ensino médio atestam: "Deu-nos um bom bocado de incômodos, não saindo por três anos seguidos do terceiro ano".

Na Academia militar, porém, desperta-se o seu gosto pela leitura, o talento para a oratória e o conhecimento da História, e assim termina com êxito o curso superior.

Neto de militar, filho de político, Winston Churchill sentiu desde cedo a vocação para ambos esses campos.

Aos 24 anos de idade foi enviado, no regimento dos Hussardos (cavalaria ligeira) da rainha Vitória, a combater no Sudão e na Índia. Era o ano de 1898, fim de século. Lutou com denodo pela glória do colonialismo britânico, embora na época já se iam avolumando os anseios da população nativa pela própria independência. Naquele tempo, o Império Britânico era o mais poderoso do mundo, estendendo suas colônias por grande parte da África, Ásia e Oceania.

Como correspondente de guerra do jornal *Daily Telegraph*, Churchill parte mais tarde para a África do Sul, ansioso por lutar contra a revolta empreendida pelos "bôeres"* contra o domínio inglês.

Ali ficou prisioneiro. Seu captor foi Louis Botha, que mais tarde se tornaria governador da União Sul Africana independente e seu aliado durante a Primeira Guerra Mundial.

Sua fuga espetacular da prisão dos bôeres o torna famoso. Escalando o muro do cárcere, embrenha-se no meio de um povo estranho do qual não conhece a língua. Esconde-se por vários dias no interior de uma mina de carvão. Oculta-se em seguida num trem destinado a Moçambique e, enfim, na capital dessa colônia portuguesa, refugia-se no consulado britânico, conseguindo voltar a salvo para a Inglaterra.

Foi recebido como herói.

Porém, seu modo independente de agir e as críticas que fazia abertamente contra a estratégia de seus superiores militares os irritavam. Como não pretendia mudar essa atitude, viu que, continuando na profissão de militar, nunca os generais o fariam subir de posto.

Volta, pois, para a Inglaterra e descobre que sua vocação é a política, tal como fora a de seu pai, já falecido.

Vocação política

Na tribuna do Parlamento inglês como deputado, entre êxitos e derrotas, vai atuar até o fim de sua vida. Discursador eloquente, em sua candidatura proferiu em dois meses 150 discursos. Sua figura rechonchuda, entre as baforadas de um charuto atrás de outro, tornou-se proverbial.

O Parlamento britânico dividia-se em Câmara dos Lordes e Câmara dos Comuns. Dois partidos tradicionais se rivalizavam havia séculos e se sucediam no poder: os "whigs" liberais e os "tories" conservadores.

---

* Os *bôeres* são os descendentes dos colonos calvinistas dos Países Baixos e também da Alemanha, bem como de franceses, que se estabeleceram nos séculos XVII e XVIII na África do Sul, cuja colonização disputaram com os britânicos. (N.E.)

Conservador por natureza, ele se filiou aos "tories". Mas, oportunista por conveniência, não desdenhou em sua vida parlamentar passar para os liberais quando isso pareceu útil aos seus propósitos. E mais tarde voltar aos conservadores.

Durante sua longa vida parlamentar, ocupou diversos cargos de importância, como teremos ocasião de relatar.

Mas teve que sofrer sucessivas derrotas, sobretudo nas eleições parlamentares, devido à intransigência com que lutava por seus ideais políticos e à oposição cerrada de seus adversários. Sofreu diversas vezes acerbas críticas, tanto de opositores como de seus pares.

Atuação na Primeira Guerra Mundial

Explode em 1914 a Primeira Guerra Mundial.

Churchill já era então o mais famoso dentre os ingleses. Elevado ao posto de Primeiro Lorde do Almirantado, dele passou a defender toda a poderosa marinha de guerra britânica.

Apesar de sua função ser a de conduzir navios para a defesa das ilhas britânicas contra o poderio alemão, intuiu logo a importância, para os combates em terra, de uma invenção que acabara de surgir no seu país: o carro de combate. Ele o chamou a princípio de "encouraçado terrestre", devido à sua blindagem. Comparado a um tanque, acabou sendo chamado de tanque de guerra.

O início dessa invenção, tão usada atualmente nas guerras, foi assim: para vencer os terrenos acidentados ou as regiões pantanosas, pensou-se em blindar tratores. Mas as grandes rodas desse veículo eram um empecilho. Foi então que o genial engenheiro inglês Ernesto Swinth ideou um carro movido por lagartas: esteiras metálicas girando em torno de duas rodas. Com esse dispositivo, eram capazes de vencer os mais difíceis acidentes de terreno.

Churchill ordenou logo a construção de um grande número desses novos e mortíferos veículos, principalmente quando portadores de canhões. Mas nem tudo para ele foram êxitos. Foi desastrosa a operação que ordenou na defesa da cidade belga de Antuérpia, atacada pelos alemães.

Apesar do reforço por ele enviado, a cidade caiu em poder do inimigo e os ingleses tiveram de bater em retirada. Nisto foi asperamente criticado pelos parlamentares. Mais ainda no ataque ao estreito de Dardanelos, em plena Turquia. Ordena o avanço dos navios sem esperar a chegada do exército inglês para as operações em terra. A operação resultou num fracasso.

Diante das críticas, demitiu-se e passou a combater na França como major. De lá o governo inglês o tira para fazê-lo Ministro das Munições.

Como sabemos, a Primeira Guerra Mundial, com seus intermináveis combates de trincheiras, foi uma pavorosa carnificina de ambas as partes beligerantes. Terminou com a derrota da Alemanha.

No dia do armistício, Churchill foi aplaudido com entusiasmo pela sua contribuição para a vitória.

Mas aquela horrenda hecatombe, "que muitos esperavam ser o fim de todas as guerras" – diz o biógrafo de Churchill –, "não fez mais do que lançar as sementes para um novo e pavoroso conflito no futuro".

Qual foi sua atuação política nos escassos 21 anos de paz que mediaram entre as duas guerras mundiais? O rei o nomeia presidente da Câmara do Comércio e, mais tarde, Ministro do Interior.

Sua atuação política durante a Primeira Guerra Mundial gera nele a capacidade de intuir e prever a marcha dos acontecimentos internacionais. E atuando no Parlamento em tempo de paz, percebe em tempo como a Alemanha de novo se armava e ia se tornando cada vez mais poderosa.

Os governos europeus, Inglaterra inclusive, marcados pelo muito que sofreram durante aquele conflito pavoroso e ceifador de tantas vidas, sentiam forte tendência ao pacifismo, evitando o máximo possível, por meio de negociações, excitar o impulso belicista das nações outrora inimigas.

Em vão ele gritava no Parlamento contra o perigo do rearmamento alemão que se avolumava, e contra a excessiva confiança que em si mesmos depositavam os ingleses e no poderio do seu Império. Os países europeus recusavam-se a tornar a falar sobre rearmamento.

Nem quando a nação alemã caiu nas garras do mais sinistro ditador dos tempos modernos, Adolfo Hitler, os políticos ingleses intuíram o perigo. Faziam ouvidos moucos aos apelos do tribuno Churchill.

Mais ainda se agravou essa situação quando subiu ao poder como Primeiro-Ministro Lord Neville Chamberlain.

Julgava esse ministro que uma política conciliatória, feita de sucessivas concessões ao inimigo no intuito de evitar o pior, conseguiria acalmar as ambições do ditador alemão, o seu desejo insaciável de expansão do seu território à custa de invasões dos países vizinhos. Foi um tremendo erro.

Aos poucos, o tirano alemão foi anexando pela força ao seu território a Áustria, os Sudetos (parte da Tchecoslováquia habitada por muitos alemães) e, enfim, o país todo.

Quando, pois, os exércitos alemães invadiram de improviso a Polônia com uma avalanche de soldados e de carros armados, a Inglaterra viu-se na obrigação de declarar guerra à Alemanha. Era o dia 2 de setembro de 1939.

Enquanto a Europa permanecia perplexa, Hitler foi invadindo sucessivamente em 1940 a Noruega, a Dinamarca, a Holanda, a Bélgica e Luxemburgo.

No cargo de Primeiro-Ministro

Toda a Europa se vê ameaçada. Chamberlain renuncia em maio. Para o cargo de Primeiro-Ministro e para o comando do Ministério de Defesa é chamado Winston Churchill, então com 65 anos de idade. Reconhecia, enfim, o país, embora tarde, a justeza de suas repetidas advertências.

Foi nessa situação que se revelou a coragem indômita de seu caráter e a capacidade de chegar a decisões extremas.

A Rússia de Stalin acabava de firmar um pacto de não agressão com a Alemanha, o que lhe valeu de pretexto para apossar-se de uma parte da Polônia. Os Estados Unidos permaneciam neutros, impulsionados por uma veemente campanha pacifista: "Não queremos ver nossos filhos sucumbirem num conflito que afinal é europeu, não nosso!", proclamavam as mulheres americanas.

O Japão já principiara a ameaçar os territórios ingleses na Ásia e na Oceania.

A guerra então recrudesce. Os exércitos alemães penetram na França com incrível rapidez e violência. Impõem ao governo francês um humilhante acordo.

Assim, chega o momento pungente em que a Inglaterra se vê sozinha como o único país a lutar contra o monstro invasor. A responsabilidade do Primeiro-Ministro Churchill é imensa. Cedo ou tarde, viria a invasão. Submeter-se-ia ele a um acordo humilhante, tal como aconteceu com o governo francês?

Falando agora do alto do seu cargo em nome de toda a pátria, Churchill proclama corajosamente, em contraste total com a fracassada política de Chamberlain e a atitude do governo francês: "Combater no mar, na terra e no ar com toda a força que Deus nos pode dar, é essa a nossa política. Nós iremos até o fim. Combateremos na França, nos mares, nas praias, nos pontos de desembarque, nos campos, nos morros e nas ruas. Jamais nos renderemos".

Todo o poderio estava com a Alemanha naquele momento. Por que então Hitler não ordenou a invasão da ilha britânica?

Bem que pensou nisso e discutiu o assunto com seus generais, mas o poderio da esquadra inglesa sobre os mares o deteve naquele momento.

Resolveu obrigar o inimigo à rendição, por meio de contínuos e arrasadores bombardeios das suas cidades, sobretudo da capital Londres.

E iniciou uma guerra submarina, torpedeando indiscriminadamente as naves britânicas.

Aí é que se revelou quão indômito era o caráter daquele Primeiro-Ministro. Com sua voz vibrante, levantava o ânimo dos ingleses, conclamando: "Esses bombardeios cruéis e desenfreados fazem parte de um plano de invasão da nossa pátria. O inimigo espera, matando em grande número mulheres e crianças, acovardar a nossa população e transformá-la em fardo e ansiedade para o governo. Não conhece o espírito da nação e a fibra dos londrinos. Ateou no coração dos ingleses um fogo que arderá com chama firme até que os últimos indícios da tirania nazista se tenham desvanecido da Europa".

Não se trata somente de palavras. Desde que assumira o cargo, ordenara uma resistência acirrada por parte da Aeronáutica, fustigando continuamente os navios e submarinos alemães que se aventuravam no Canal da Mancha.

O biógrafo de Churchill, do qual tomei a maioria dessas informações, atesta: "Hitler e Goering não conseguiram fazer com que a Inglaterra se rendesse, pois o governo de Churchill tomou uma série de medidas rápidas e eficazes para a defesa. A RAF (Força Aérea Britânica) foi importantíssima nesse momento, tendo os pilotos e aviões britânicos dado tal prova de sua superioridade, a ponto de fazer Churchill proferir a declaração mais célebre de toda essa tremenda guerra de defesa: 'Jamais na história dos conflitos humanos, tantos deveram a tão poucos'".

Mas, apesar de algumas vitórias no mar e no ar, sobretudo após 1942, a Inglaterra teria sucumbido fatalmente ao avassalador poderio alemão se dois acontecimentos não tivessem modificado totalmente o curso da história.

Um deles foi a desastrada decisão de Hitler de invadir a Rússia, até então sua aliada desde o início da guerra. Outro, a entrada dos Estados Unidos na guerra. Apesar de neutros, viram ser afundados os primeiros de seus navios. Perceberam, enfim, que a ameaça nazista pairava não só sobre a Europa, mas sobre o mundo todo.

Depois de anos de bombardeios de espantosa capacidade de destruição, aos 8 de maio de 1945 veio por fim a paz, com a rendição incondicional da Alemanha.

Por fim, a paz

Nos últimos anos de guerra e nos primeiros de pós-guerra, Churchill participou das conferências dos quatro países vencedores, destinadas a remodelar a Europa e o mundo após o conflito, entre as quais a célebre Conferência de Berlim.

Churchill volta à política interna. Nas eleições, porém, de maio de 1945, o partido trabalhista vence e o herói da resistência britânica apresenta sua demissão como Primeiro-Ministro.

Eis suas palavras: "Recebi em maio de 1940 o principal cargo do Estado e o mantive durante cinco anos e três meses de guerra mundial, no fim dos quais fui imediatamente despedido pelo eleitorado britânico e impedido de contribuir para dirigir seus destinos. Entreguei, por isso, a missão de que me encarregaram numa época bem mais sombria... Só me resta exprimir ao povo britânico, por quem agi nesses anos perigosos, a minha profunda gratidão pelo apoio firme e resoluto que me deu durante o desempenho da minha tarefa e pelas muitas demonstrações de amizade que manifestou".

Volta, porém, à Câmara dos Comuns pelo partido conservador e chefia uma oposição à expansão do comunismo e do poder soviético que – proclamava ele – "pretende agora conquistar o mundo".

Foi Churchill quem espalhou no mundo, num discurso proferido em 1947, a expressão "cortina de ferro", designando a sinistra linha de arame farpado, vigiada por torres de sentinelas armadas de metralhadoras, a impedir a fuga dos que não se conformavam em viver no "paraíso comunista" sob o regime totalitário de Stalin. Essa barreira engolfou atrás de si as capitais dos oito países da Europa central e oriental que caíram sob o domínio soviético.

Churchill apoiava, por isso, com denodo a criação do Tratado do Atlântico Norte – Nato, de aliança defensiva, assinado enfim por muitas nações europeias em 1949.

Mas, iniciada aquilo que se chamou "Guerra Fria" entre o Ocidente e o mundo comunista, de novo foi elevado ao cargo de Primeiro-Ministro, que ocupou até 1955.

Em seus últimos anos, escrevia muito e pintava quadros. Deixou escritas as suas memórias. Até em agricultura se ocupou. Morreu em Londres, aos 90 anos de idade.

Sua coragem e persistência em não ceder ao inimigo, quando tudo parecia perdido, deu ao resto do mundo o tempo para se preparar e conseguir, enfim, a derrota do tirano. Dessa tenaz persistência dependeu, em boa parte, a salvação da Inglaterra e do mundo.

Erigiu-se em sua homenagem uma estátua de bronze à entrada da Casa do Parlamento que ele ocupou por tanto tempo.

O seu perfil gorducho, o infalível charuto na boca, as vestes simples e meio descuidadas deram a ele o aspecto muito semelhante ao de John Bull, o personagem fictício que desde o século 18 tradicionalmente representa o povo inglês, fleumático e senhor de si. Com esse aspecto passou à História.

Walt Disney
O fabricante de sonhos

O jovem jornaleiro

— Walter, por que você desenhou essas flores com caras, olhos e bocas?

— Porque eu converso com elas.

— ?!

— E também com os bichos lá do terreiro. São meus amigos.

Era assim o modo de pensar e de agir do pequeno Walter Elias Disney, no sítio em que morava, junto à pacífica cidadezinha norte-americana de Marcelina, não longe de Kansas City.

O pai, um carpinteiro canadense, muito devoto, mas também muito severo, levava os quatro filhos numa disciplina tão rigorosa de trabalho e de obediência que dois deles, superada a adolescência, saíram uma noite pela janela e foram tentar a vida por conta própria.

A família, sempre em dificuldades financeiras, acabou se mudando para Kansas City, onde os dois irmãos que restaram, Walter e Roy, por ordem do pai passaram a trabalhar como entregadores de jornal.

Assim, todos os dias Walter, com apenas 9 anos de idade, e Roy, oito anos mais velho, saíam de bicicleta pela madrugada, fizesse frio, chovesse ou nevasse, e percorriam os bairros para a entrega cotidiana do principal periódico da cidade: o *Kansas City Star*.

Por isso o menino não ia bem nos estudos. Bocejante de sono, preferia dar largas a sua imaginação e distrair-se rabiscando desenhos.

Um dia, em plena hora de trabalho de entrega dos jornais, não conseguiu refrear sua curiosidade. Passando como sempre diante do único cinema da cidade, entrou para assistir a Branca de Neve, estrelado pela atriz Margarida Clark. Era a época dos filmes mudos.

No meio do filme, o pai irrompe no salão à sua procura e o arranca de lá aos safanões. E o vai surrando pelo caminho.

Além de jornais, depois de um pouco mais crescido, de bom grado vendia também doces e refrigerantes pelos vagões da Estrada de Ferro Santa Fé. É que pelos trens sempre sentiu uma grande fascinação. Eles lhe permitiam ver e conhecer tantos lugares!

Walt inventa, Ub executa

O pai, sempre às voltas com problemas financeiros, leva a família de volta para Chicago, onde o menino havia nascido, e funda uma fábrica de geleias. Walter, que não tinha a mínima intenção de passar a vida vendendo geleias, matricula-se na Academia de Artes para se dedicar ao desenho, contra a vontade do pai, que não via futuro nenhum para o filho, se enveredasse pela vida de artista.

Sobrevindo a Primeira Guerra Mundial, seu irmão Roy engaja-se na Marinha. Ele, então com 17 anos, sem idade para alistar-se, falsifica seus documentos, alista-se na Cruz Vermelha e consegue partir para a França como motorista de ambulâncias e caminhões militares. Nas horas vagas, desenha nas tendas de campanha e nas lonas dos caminhões.

Nunca, porém, foi mandado para o *front* para combater, pois alcançou a guerra já no seu final, em 1918.

Voltando para a pátria, emprega-se num jornal de Kansas City como caricaturista político. Foi seu primeiro emprego. Recebia 50 dólares mensais.

Embora sua imaginação fértil fervilhasse em mil ideias geniais, percebeu logo que jamais conseguiria reproduzi-las com perfeição nos desenhos que rabiscava.

"Não faz mal – pensou –, hei de conseguir alguém que desenhe bem e execute minhas ideias."

Não se conformava em se arrastar como simples funcionário de um jornal. Encontra na pessoa de um colega da mesma idade, Ub Iwerks, o talentoso desenhista de que precisava para reproduzir suas fantasias. Passaram a trabalhar juntos. Ub nunca mais o abandonou.

Mas por que trabalhar para um patrão, se podiam agir por conta própria?

Expõe a ideia ao colega e pouco depois estava fundada a Iwerks-Disney Comercial Arts, sua primeira tentativa independente como cartunista.

Foi quando descobriu o cinema de animação.

Nasce o desenho animado

Walter Disney não foi o inventor dos desenhos animados. Ainda há gente que pensa assim.

O cinema, inventado pelos irmãos Lumière na França cinco anos antes de Disney nascer e logo espalhado pelo mundo como uma arte que veio para ficar, viu seu primeiro desenho animado surgir no traço do francês Émile Cohl, amigo de Georges Méliès.

Quem era Georges Méliès? O cineasta pioneiro que transformou o cinema de simples técnica ou brinquedo de feira numa obra de arte.

Em poucas linhas se pode traçar a origem dos desenhos animados. Emil Cohl criara seus primeiros desenhos em 1908, com o nome de Fantasmagorias. Duravam apenas dois minutos cada um, sem trazer propriamente uma narração. Mas atraíam o povo com a graça daquela novidade. Produziu mais de cem filmes curtinhos, até 1912.

O artista americano Winsor McCay deu continuidade ao desenho animado como arte autônoma desde abril de 1911, criando com admirável efeito o seu personagem chamado Little Nemo e mais tarde as aventuras de Gertie, o Dinossauro. Uma grande quantidade de artistas medíocres tentou imitá-lo e até falsificar suas produções.

Um passo importante na técnica de desenhos animados foi dado por Earl Hurd em 1914: o uso de folhas transparentes de celuloide, chamadas acetato, simplificou grandemente o trabalho, porque os personagens, desenhados um a um para cada posição, passaram a se movimentar sobre um fundo único independente.

O mais célebre dentre os heróis de desenhos animados surgidos nesses começos foi o Gato Félix, o bichano pretinho e de formas arredondadas criado por Otto Messmer nos inícios dos anos 1920 e cuja fama durou mais de uma década.

No fim dessa década surgiram, por obra dos irmãos Dave e Max Fleischer, a glamorosa Betty Boop e o marinheiro Popeye, este derivado das histórias em quadrinhos do desenhista Elzie Segar.

Aventuras e desaventuras em Hollywood

Foi nessa onda crescente de animação que embarcou Walt Disney – era assim que assinava seu nome –, quando resolveu aprender a arte dos desenhos animados. Buscou nas bibliotecas públicas o que havia de literatura sobre o assunto e, morando com seu irmão Roy, esperto em arranjar recursos financeiros, passou a fazer, a partir de 1920 como funcionário da Kansas City Art Company, pequenos filmes de propaganda para empresas a 40 dólares por semana.

Vivia constantemente sem dinheiro, não porque desperdiçasse o que ganhava, mas porque o aplicava logo em novas ideias.

Foi assim que, aos 21 anos de idade, lhe veio à mente fundar sua própria companhia de filmes, tal como tentara antes como jornalista.

Queria produzir desenhos animados mais longos do que os meros *gags* da época.

Compra para isso um projetor e instala seu estúdio na garagem do irmão Roy. Chama Iwerks e mais cinco desenhistas convidados, todos com cerca de vinte anos de idade como ele e animados pelo mesmo idealismo.

Não tinha como pagar seus desenhistas. Mas prometeu que aquilo iria dar lucros e eles acabariam participando.

Produz o seu primeiro filme com um enredo definido: Chapeuzinho Vermelho.

Como o filme deu bom resultado, embora não estrondoso, foram sete em seguida seus desenhos animados, cujos personagens iam do sapo Flip ao negrinho Sambo.

Mas aspirava a voos mais altos.

Naqueles dias de 1923, sempre em apuros por falta de dinheiro, contou aos seus ajudantes que à noite, enquanto inventava novas fantasias, alimentava com migalhas um camundongo que lhe aparecia no quarto. Foi nessas circunstâncias que decidiu: "A pátria do cinema deixou de ser a França, onde esta arte nasceu, e até mesmo está deixando para trás Nova York para se transladar para Hollywood, na Califórnia. É para lá que nos devemos mudar. Não pretendo ser apenas desenhista, mas diretor de filmes".

Em Hollywood, morando provisoriamente na casa de um tio, perambulou pelas companhias cinematográficas sem dinheiro e sem trabalho, até que lhe veio justamente de Nova York o convite de produzir uma série de doze filmes sobre Alice na Cartunlândia, personagem que inventara ainda em Kansas City.

Tratava-se de uma menina de carne e osso, que ele filmava em aventuras simples, fazendo-a girar entre animaizinhos desenhados.

Entusiasmado com o convite, funda a Disney Brothers Company, chama Ub Iwerks para Hollywood e produz 57 filmes dessa série. Seu irmão Roy, trabalhando na Marinha, passou a viver com ele em Hollywood e é quem o sustentava com sua capacidade de conseguir financiamento.

Mas como Walt aspirava à perfeição, seus esforços em busca de qualidade consumiam todo aquele lucro inicial.

Uma ajudante, Lillian Bounds, era quem completava seus desenhos, pintando de preto as superfícies que o exigiam, pois não havia sido ainda inventado o filme colorido.

Foi a dedicada Lillian que se tornou pouco depois sua esposa. Foram fiéis um ao outro até a morte.

Surge o impávido ratinho

Em 1923 tornou-se famoso o seu coelho Oswald, sugerido pelo produtor Charles Mintz, chefe da Universal Pictures, que apreciava seus desenhos, mas nunca lhe pagava com regularidade.

Oswald foi seu primeiro sucesso real: passou a produzir de dois a três filmes de desenhos animados por mês.

Quando, porém, viajou a Nova York para exigir de Charles Mintz seus pagamentos atrasados, soube com surpresa que o empresário havia conseguido para sua própria Companhia os direitos autorais do personagem e secretamente contratado para si quatorze dos animadores da equipe de Walt.

Volta desalentado, com Lillian ao seu lado. Mas no trem, recorda-se do camundongo que o visitava no quarto em Kansas City. Rabisca-o num esboço.

– Que tal chamá-lo de Mortimer, o rato?

– Não – sugeriu Lillian –, acho melhor chamá-lo Mickey Mouse.

Estava criado o seu mais célebre personagem.

Ao desembarcar na estação, passara o desânimo. Grita entusiasmado para Ub que o esperava:

– Perdemos o Oswald, mas ganhamos o Mickey!

Porém, sentiam-se sozinhos sem os ajudantes que o empresário lhes roubara. O trabalho se centuplicou. Ub desenhava 600 figuras por dia. Lillian pintava-as de preto, Walt fotografava uma a uma. Era o tempo do desenho animado quadro a quadro.

Chega a era do som e da cor

Eis então que em maio de 1927 a arte do cinema deu um grande passo. Produziu o primeiro filme sonoro: "O cantor de jazz", com o negro Al Johnson tocando e cantando.

Assistindo-o, Walt intuiu logo:

— Ninguém vai conhecer o meu Mickey sem som. Meus desenhos têm de ser, desde o começo, sonoros.

— Mas como você vai colocar som nos seus desenhos? Nunca ninguém fez desenho animado sonoro.

— Não sei, Roy. Mas hei de descobrir um meio.

Nenhum produtor cinematográfico de Nova York acreditava na sua ideia:

— Onde se viu desenho falado?! Além disso, camundongos não falam.

— Mas esse fala comigo!

— Então peça dinheiro a ele.

E fechavam-lhe a porta.

O uso do som, até então, se resumia a discos com música de fundo, sem ligação alguma com a cena representada. Ele, porém, queria que a música e a cena fossem sincronizadas entre si. Como fazer?

Alguém — um músico — lhe sugeriu usar o metrônomo. Assim, com meios caseiros e improvisados, inclusive usando panelas, chocalhos e apitos para os ruídos de cena, com o auxílio de Ub e Lillian, produz e leva para Nova York o primeiro desenho sonoro.

Foi um estrondoso sucesso. Seguiram-se quinze filmes do Mickey em um só ano. Ele mesmo representava a voz do rato.

– Mickey nasceu para mudar o cinema – afirmava triunfante ao voltar.

É que o célebre camundongo – célebre e vivo no cinema até hoje – espelhava as qualidades de seu próprio autor: destemido, resoluto e, ao mesmo tempo, constantemente alegre e despreocupado, honesto, leal, respeitoso para com os outros. Era assim que Walt tratava seus auxiliares.

Foi quando surgiu a cor.

Menos de um ano depois que Al Johnson inaugurou o som no cinema, surgem os primeiros filmes coloridos, frutos de muitas tentativas de fotógrafos e cineastas dos anos anteriores. Isso acendeu em Walt um novo entusiasmo.

– Roy, o meu próximo filme, "Flores e árvores", tem de ser colorido!
– Está doido? Isso vai triplicar a despesa!
– Procure uma companhia financiadora, você que entende disso.

Mas as companhias não se convenciam:

– Se os próprios filmes de vivos continuam ainda na maioria em preto e branco, para que colorir desenhos?
– Pois hei de produzi-los. E quero que sejam em Tecnicolor.

Tecnicolor era um processo recém-inventado de colorir filmes, que passou a dominar por anos o mercado cinematográfico.

A sua persistência venceu. "Flores e árvores" foi o primeiro desenho animado em cores. Surgiu em 1932 e recebeu o Oscar do melhor filme em desenho.

Walt, em sua vida, iria receber mais de 32 prêmios como esse.

A turma do Mickey

Enquanto isso, consciente de que a arte da animação não se improvisa, fazia seus ajudantes – agora em número de mais de cem– submeterem-se a cursos em Institutos de Artes, o que tornava suas produções cada vez mais perfeitas.

Estava alcançado o sonho que acalentara desde 1926: não desenhava mais, mas dirigia como um vulcão de ideias uma multidão de hábeis e talentosos executores.

Foi assim que nas décadas que se seguiram ao advento da cor brotaram um a um de sua imaginação e do lápis de seus artistas os simpáticos personagens, amados até hoje por crianças e adultos.

Em 1930 criou Pluto, o cachorro paspalhão, o único bicho de Disney que não fala. O Pateta, em 1932. Os adoráveis Três Porquinhos em 1933, em perpétua luta contra o lobo mau. Dois deles são folgazões e imprevidentes, enquanto o terceiro, sério e trabalhador, surge nos momentos de perigo, como para inculcar a ética do trabalho e da prudência como condição para vencer na vida. Recebeu outro Oscar por esse desenho.

Depois, foi a vez da turma de Patópolis, capitaneada pelo irascível Pato Donald com seus *quacks*, na dublagem em voz "rachada" do desenhista Clarence Nash. Nos dias de hoje já completou mais de 70 anos com seus três terríveis sobrinhos, eternamente crianças, presentes também desde 1938 nas histórias em quadrinhos. O sortudo Gastão em 1948, os Irmãos Metralha em 1951, sempre às voltas com a polícia, e o desastrado Professor Pardal em 1952.

E quem não conhece o Tio Patinhas, nascido do lápis de Carl Barks em 1947, inspirado no célebre personagem do "Conto de Natal" de Charles Dickens: o velho e avarento Scrooge? Aliás, Tio Patinhas recebeu no início exatamente o nome de Uncle Scrooge. É o personagem mais ferozmente criticado pelos detratores das criações de Disney.

Os comunistas chilenos do presidente Allende o chamavam de armadilha imperialista apresentada em quadrinhos. Muitos outros o apontavam, no período da Guerra Fria entre Estados Unidos e União Soviética, como um meio sutil do artista para exaltar as supostas vantagens do sistema capitalista.

Acusações infundadas. Quem conhece quão ridículo aparece esse personagem, com o seu culto exagerado ao dinheiro, acaba por desprezar aquela insaciável ganância, ao invés de pensar em imitá-lo.

Não é à toa que nasceu – dizem – em 11 de janeiro, Dia Universal da Avareza.

Branca de Neve

Imaginação e persistência eram as características daquele mago em que se tornara Walt Disney. Mal obtinha êxito numa produção, e já aspirava a empreendimentos mais ousados.

– Em breve os desenhos animados, curtos como são e feitos só para rir, vão saturar o gosto do público. Meu sonho é criar um desenho de longa-metragem.

– Está maluco? – gritavam os céticos. – Desenho animado é para durar sete minutos! Ninguém aguenta mais.

– O meu há de durar noventa.

Nenhum banqueiro ousava ajudá-lo numa ideia tão arrojada. Teve de tentar sozinho. Talvez tenha sido desde esse tempo que começou a evitar banqueiros.

Mas seu próprio irmão não acreditava na ideia:

– Já pensou o gasto que vai exigir uma produção desta? Onde você vai arranjar o dinheiro?

Diz a sua biógrafa Ginha Nader, no seu ótimo livro *A magia do império Disney*, que ele até hipotecou a casa, fez empréstimos, empenhou até mesmo seu seguro de vida.

E a grande ideia começou a se concretizar:

– O primeiro filme que assisti como criança foi "Branca de Neve". Filme mudo. Pois será ela, com os anões, o meu personagem.

Cenários maravilhosos foram surgindo de sua fantasia. E ele os fotografava em celuloides superpostos, como uma tela em três dimensões, dando a impressão de profundidade.

Buscava a perfeição: pendurava num painel os esboços de seus ajudantes com as cenas em sequência – método que ele chamou de *Storyboard* – e mandava para o lixo inúmeras execuções que não lhe agradavam.

– Não penso no custo nem no lucro. Penso na arte, na qualidade. O dinheiro é um feliz produto secundário do meu trabalho; não a sua razão. O que faria eu do dinheiro, se não pudesse convertê-lo em arte?

Por isso, a maior parte de seu lucro revertia em equipar e aumentar a qualidade do seu estúdio e de seus colaboradores, e – como ele mesmo dizia – "para me ver livre e independente dos banqueiros e investidores, que nos venham impor que tipo de filmes eles querem que façamos".

Refeito uma porção de vezes, o filme levou três anos para sair do estúdio. Era o final de 1937.

Custou 1 milhão e setecentos mil dólares. Mas quando foi apresentado ao público, superou todos os filmes até então exibidos pelo cinema mundial. Logo na sua primeira exibição rendeu 8 milhões, embora as plateias, na maioria compostas de crianças, pagassem só meia entrada.

Foi sua obra-prima e a sua consagração. O Oscar que mereceu foi-lhe entregue por Shirley Temple, a mais célebre atriz infantil daquela época.

Do Pinóquio a Zé Carioca

E foi o ponto inicial de uma série de finíssimas e espetaculares obras de arte, jamais superadas, até hoje assistidas com gosto: a série inspirada nos contos dos irmãos Grimm e de outros autores de imortais clássicos infantis.

Críticos ingleses acharam que "Branca de Neve" iria provocar pesadelos na criançada, com a figura daquela bruxa malvada.

Insensatez! Há quase dois séculos as histórias dos irmãos Grimm encantavam a petizada, apesar de serem povoadas de bruxas, ogros e fadas perversas.

— Não crio meus desenhos para os críticos, mas para o público — teria dito um dia.

E sobretudo o público infantil lhe deu razão.

Com o lucro do filme, Roy e Walt conseguiram finalmente libertar-se das dívidas e juntar recursos para construir em Los Angeles um estúdio em moldes modernizados. E mais ainda: trazer para Hollywood os pais, dando-lhes um sustento conveniente, e adotar uma criança, Sharon, que veio fazer companhia a Diane, última de suas três filhas.

Com o sucesso de "Branca de Neve" e como autor e diretor de seus filmes, estava aberto à sua imaginação o caminho para a mais encantadora série de desenhos de longa-metragem, que nos deslumbra até hoje.

Com a produção de "Pinóquio" em 1940, a técnica e a arte da animação chegaram ao auge de uma perfeição nunca antes sonhada. Mas custou tanto que, apesar de bem aceito pelo público, apenas conseguiu pagar a despesa que custara a sua confecção e montagem. Tanto mais que o início da Segunda Guerra Mundial lhe havia fechado a fonte de recursos que antes vinha da Europa.

Mesmo assim, na mesma época, mais uma ideia arrojada: "Por que não traduzir na tela, em cores e em formas, os acordes sublimes dos grandes mestres da música clássica? Beethoven, Stravinsky, Ponchielli?". "Você vai fazer a plateia dormir!", exclamavam os céticos.

Nunca foi tão criticado, antes e depois de executar sua ideia.

É que chegou a unir o sublime ao bizarro, o humorístico com o erudito.

— Há coisa mais grotesca do que a dança de jacarés com bailarinas hipopótamos?

De fato, nem tudo foi bem recebido pelo público. Mas quem não se extasia ante o "Aprendiz de feiticeiro" de Paul Dukas, na reprodução de Disney, onde som, cor e animação se casam numa grandiosidade jamais alcançada? É o triunfo da imaginação.

Surgem então Dumbo, o elefantinho voador com um enredo e técnica mais simples, e Bambi, o cervo que salva seu filhote de um pavoroso incêndio na floresta, apresentado com estupendo realismo.

Mas era o tempo da Segunda Guerra Mundial. No Brasil reinava a ditadura de Getúlio Vargas, que a princípio manifestou certa simpatia para com os odiosos ditadores do Eixo.

A fim de conquistar a América do Sul para os seus ideais políticos, o presidente americano Roosevelt, entre outras medidas, envia Walt Disney em turnê pelo continente.

Ele vem então para o Brasil produzir "Alô, amigos" e "Você já foi à Bahia?", em que o impagável Zé Carioca, com ares de malandro, contracena com Pato Donald. E a "Aquarela do Brasil" de Ary Barroso soa em meio a um esplendor de cores e motivos tropicais. Como todos os personagens de Disney são obras de seus talentosos auxiliares, assim também Zé Carioca saiu do lápis de J. Carlos, o grande cartunista brasileiro.

Durante o período mais intenso da Segunda Guerra Mundial, Walt colaborou com desenhos de instrução e de treinamento militar e popular, exortando o povo ao otimismo e à confiança. É notável que a senha que desencadeou o Dia D, dia da invasão da Normandia pelos aliados, fato que lhes assegurou a vitória, foi justamente o nome Mickey Mouse.

Vulcão de ideias

A volta da paz exigia inovações. A arte da animação não teria futuro se não inovasse.

Foi o que aconteceu no período de 1948 a 1960. Primeiro, os filmes sobre a natureza e a vida dos animais selvagens: "O drama do deserto", "A pradaria evanescente", "Os segredos da vida animal", "O leão africano", "O gato da selva"... Para retratar os animais selvagens no seu ambiente e o mais perto possível, seus fotógrafos e filmadores passavam dias e semanas quase imóveis num lugar, até que os bichos a serem filmados na vida natural própria se acostumassem com sua presença.

Em seguida, a série maravilhosa, em longa-metragem, dos clássicos da petizada: "Alice no país das maravilhas" deu prejuízos, mas compensados pelo êxito de "Cinderela", "Peter Pan", "A Dama e o Vagabundo", "A espada era a lei", "A Bela Adormecida", em que usou pela primeira vez o som estereofônico. Ou os clássicos filmados da literatura juvenil "A ilha do tesouro", "Vinte mil léguas submarinas" e "Pollyana". Ou ainda "A canção do sul" e "Mary Poppins", combinando ação viva com desenhos.

Das "audioanimatrônicas" à Disneylândia

Mas Walt Disney continuava surpreendendo: que tipo de invenção era aquela que chamou de "figuras audioanimatrônicas"?

Os progressos da eletrônica e da informática lhe inspiraram uma criação nova, apresentada na Feira Mundial de Nova York em 1964: o visitante entrava no recinto e via o antigo e célebre presidente dos Estados Unidos Abraham Lincoln se levantar de sua cadeira, estender a mão, cumprimentá-lo, pronunciando palavras, e até proferir um discurso com tamanho realismo que um surdo-mudo entenderia só pelos movimentos dos lábios. Tudo isso num boneco de tamanho natural.

Era ao mesmo tempo "áudio", porque aquelas figuras falavam e até cantavam, e "animadas", porque se movimentavam com surpreendente naturalidade, impulsionadas exatamente pelo conjunto de dispositivos eletrônicos ocultados em seu bojo. Foi mais um sucesso.

Deteve-se nessa invenção o seu talento criador? Foi mais além...

Uma vez seu colaborador Roque Braggis se pôs a construir uma locomotiva a vapor em miniatura e a fez rodar fumegante sobre trilhos. Foi esse brinquedo que trouxe a Walt a ideia que lhe ocupou com paixão os últimos anos de vida: a Disneylândia.

– Ideia maluca! – exclamavam os críticos. – Há coisa mais cafona do que um parque de diversões?

– Não se trata de um mero parque de diversões – explicava –, mas eu sonho com um jardim imenso, um mundo cheio de paisagens, onde uma minilocomotiva passe carregando crianças e adultos através de regiões fabulosas e, no meio, um castelo medieval como o de Cinderela.

E enumerava:

– A Terra das Aventuras, exótica e tropical, ou a reprodução do Velho Oeste norte-americano com seus caubóis; a Terra do Amanhã, onde, brincando, se ensinam as realizações mais ousadas dos cientistas de hoje e do futuro; a Terra da Fantasia, em que as crianças poderão abraçar Pinóquio em pessoa, brincar com os sete anões, dançar com os três porquinhos, topar com o Pato Donald numa esquina, ser conduzidas pela mão por Mickey Mouse. No cinema e no teatro, a gente é um espectador passivo; lá, pais e filhos poderão penetrar no cenário e tomar parte na ação.

Como se lançar em tamanha e tão dispendiosa aventura? Muitos a chamavam: a grande tolice. Matutava dia e noite como concretizar tão notável ideia.

A resposta veio uma noite, em que pulou de repente da cama, como Arquimedes do seu banheiro, a gritar:

— Eureka! Achei!

E gritou, ante o olhar atônito de Lillian:

— É a televisão!

Por que a televisão?

No período do pós-guerra a televisão, recentemente inventada após muitas tentativas por parte dos mais variados cientistas, surgiu como uma concorrente poderosa do cinema. Os produtores de filmes a odiavam e combatiam ferozmente como sua maior inimiga. Tampouco lhe cediam seus filmes, como acontece hoje. Todos os programas de televisão tinham de ser ao vivo.

— Pois eu vou fazer da televisão uma aliada — proclamou Walt Disney. — Antes mesmo da construção da Disneylândia, o mundo todo vai conhecê-la através dos programas em que irei apresentando, na TV, uma a uma as suas maravilhas.

Passando das palavras aos fatos, fez contrato com uma rede de TV menos famosa, a ABC, e criou em 1954 um programa televisivo dominical estrelado pela fada Sininho, a graciosa personagem do filme "Peter Pan". Programa intitulado justamente Disneylândia.

Foi ele o exibidor do primeiro filme feito em Hollywood para televisão: "As aventuras de Davy Crocket". E com tanta garra que as crianças do país passaram a brincar em toda parte fantasiadas com o chapéu e as roupas desse personagem do Velho Oeste.

Foi longo o período da criação daquele parque que prometia a curiosidades tão variadas.

Quando, enfim, a Disneylândia com seus 65 mil metros quadrados de superfície foi inaugurada, uma multidão de 33 mil pessoas a invadiu. Numa tremenda confusão!

Quem poderia prever tamanha quantidade de gente?

E ele, imperturbável:

— Não tenham medo de que dê errado. São coisas ajustáveis para a próxima vez. Prendem-se a detalhes insignificantes. O medo só atrai o fracasso.

Superados os imprevistos iniciais, o parque foi se ajustando como local limpo e ordenado, em que as crianças aprendiam a não atirar pelo chão as sobras do que consumiam e onde pais e filhos se divertiam juntos num ambiente de tranquilo bem-estar.

Até o ano seguinte, mais de um milhão de pessoas haviam visitado o parque, onde tudo visava educar e divertir. Daí a sua norma mais rígida:

— Jamais permitirei a venda de bebidas alcoólicas no meu parque!

Depois de dez anos, visitantes de 60 nações o haviam percorrido. O parque veio a ser conhecido e prestigiado até por reis e chefes de governo.

— Disneylândia não é uma obra acabada. É feita para crescer sempre — afirmava Walt.

E como para confirmar essa ideia, passou a arquitetar um parque ainda maior na Flórida, o Disneyworld.

Imortal no coração das crianças

Já no hospital, consumido pelo câncer que lhe sobreveio causado pelo estresse e pelos muitos maços de cigarro consumidos ao longo de sua vida, ainda examinava detidamente o projeto desse parque.

Enumerando tantas e tão grandes qualidades do seu caráter, traduzidas em realizações cada vez mais grandiosas, parece querermos indicar que Walt Disney não tinha defeitos.

Não é bem assim. Seus auxiliares sabiam muito bem quão difícil se tornava o seu temperamento, ao sabor do trabalho incessante em que vivia. Além de iras frequentes, agia como um ditador, exigindo que todos os personagens criados pelo talento de seus auxiliares aparecessem sob o seu nome. Um médico que o tratou afirmou: "Seu ego tinha o tamanho de um ovo de avestruz".

Mas, em contrapartida, no mundo dos artistas de Hollywood, cheio de divórcios e de escândalos, conservou-se por toda a vida um esposo fiel e um pai amoroso. Apesar do trabalho intenso consumir-lhe a maior parte da semana, o sábado era para suas filhas, levando-as ao ar livre a passear com ele, despreocupadas, comendo amendoim. Suas filhas se casaram na década de 1950 e lhe deram dez netos. A esposa sobreviveu a ele e morreu aos 98 anos de idade.

Walt era protestante de religião e não muito fiel aos seus deveres religiosos. Mas respeitava a crença dos outros e colocou suas filhas num colégio católico.

O que pensava de Deus? Eis suas palavras, relatadas pela biógrafa: "Creio firmemente na eficácia da religião e da fé em Deus. Creio na poderosa influência que a fé exerce sobre toda a vida de uma pessoa. Ajuda-nos muitíssimo a enfrentar as tempestades e o estresse da vida e nos mantém em sintonia com a inspiração divina. Sem ela, morreríamos. As ações, melhor que as palavras, expressam meu conceito de religião em nossa vida no dia a dia. Eu me preocupo com isso nos meus filmes, preservando os valores morais e espirituais, tanto nas fábulas como nos filmes de ação".

O câncer no pulmão o matou em dezembro de 1966, dez dias depois de completar 65 anos de idade.

A imprensa espalhou que seu corpo fora congelado, à espera de tempos futuros em que o câncer possa ser debelado. Mas não é verdade. Seu corpo foi cremado. Suas cinzas repousam no cemitério Forest Lawn Park em Glendale, na Califórnia.

Havia criado, como enumera sua biógrafa, nada menos que 497 desenhos animados, 21 filmes de animação, 56 de longas-metragens, 7 sobre "A vida como ela é" e 330 shows de televisão. Disneyworld foi inaugurado cinco anos após a sua morte.

A Walt Disney Productions é hoje uma empresa poderosa que procura perpetuar o seu estilo.

Mas o que fica na nossa lembrança é a beleza de seus filmes. Refletem a inocência das crianças para quem foram produzidos. Neles, nenhuma cena de sangue, nenhuma violência, nenhum apelo à sensualidade. Até num filme seu de luta contra piratas não se vê ninguém morrer, nem mesmo os piratas.

Pode ter pagado nos seus filmes, às vezes, tributo à mentalidade pragmática tão comum no espírito de norte-americanos, mas neles sobressai muito mais a beleza da natureza e da vida animal, a bondade das pessoas, mesmo se expressa nos personagens cômicos do mundo animal, e a alegria de poder maravilhar os olhos e os ouvidos dos espectadores com tudo o que de belo e de bom o mundo e a imaginação dos homens é capaz de oferecer.

Por isso, para *Walt Disney valeu a pena ter vivido* para encantar a humanidade.

Guilherme Marconi
O mago da comunicação

Uma invenção puxa outra

No mundo não surgem só heróis do amor ao próximo, ao país ou à beleza da arte, mas também benfeitores da humanidade no campo das ciências.

Uma das características dos grandes cientistas é ter o espírito atento às descobertas efetuadas por sábios anteriores a eles e se apoiarem nelas para se lançarem a novas e geniais invenções.

"Uma invenção puxa a outra", afirmou um historiador. O cientista põe a serviço de todos a sua descoberta e logo outro se serve desta para encontrar novos e mais aperfeiçoados meios de se servir das forças da natureza.

Como é importante, pois, divulgar o que os gênios inventam, em lugar de escondê-lo em proveito próprio ou do próprio país, como fazem as ditaduras!

Talvez nenhuma descoberta científica tenha aparecido por acaso. Por trás de todos os aparentes acasos nesse campo, há sempre uma mente inteligente e observadora a detectar os fenômenos que para outros passam despercebidos. E passa a examiná-los com persistência até chegar a uma nova descoberta.

Assim aconteceu com o italiano Guilherme Marconi. Colheu de uma série de descobertas geniais efetuadas por predecessores a ideia que fez a sua grandeza.

Quem, por exemplo, poderia supor que aquele jovem inglês paupérrimo, filho de um ferreiro, empregado desde os doze anos de idade numa livraria e oficina de encadernação, iria tornar-se o grande Michael Faraday, descobridor da indução eletrostática?

Ocupando todo o tempo livre na leitura dos volumes expostos à venda na loja do seu patrão, devorava as obras de física e química que lhe caíam nas mãos e os traduzia em experiências. Assim descobriu que uma corrente elétrica influencia um ímã e vice-versa, mesmo sem exigir o contato. Apenas pela aproximação dos campos elétricos e magnéticos de uma ao do outro. Acabara de descobrir a indução eletrostática, base do funcionamento de muitos dos aparelhos elétricos e eletrônicos modernos.

O técnico alemão Ruhmkorff, passando a observar essa tal indução, criou a bobina que leva seu nome, chamada também de oscilador ou bobina de indução.

O escocês James Maxwell, somente através do raciocínio, intuiu que a energia gerada por aquela bobina devia ser composta de ondas eletromagnéticas, que se propagavam pelo espaço em todas as direções com a velocidade da luz. Uniu num só conjunto de equações os estudos até então feitos sobre magnetismo e eletricidade.

Aí entra o físico alemão Heinrich Hertz e consegue provocar e medir essas ondas no seu laboratório. Demonstra assim experimentalmente a validade das intuições de Maxwell. E prova em seguida que aquelas ondas até então desconhecidas podem sofrer reflexão, refração e polarização, tal como a luz.

Mas para que serviam essas ondas por ele descobertas? Como e em que utilizá-las? Esse sábio morreu aos 37 anos sem conseguir desvendar sua utilidade. Mas "suas" ondas passaram a se chamar hertzianas e Hertz foi o nome dado à unidade com que elas são medidas.

Foi nesse conjunto fecundo de descobertas que embarcou o jovem Marconi desde o último quartel do século dezenove: "Estamos encantados – afirmava – com o telégrafo elétrico, inventado nos meados deste século por Samuel Morse, baseando-se nas descobertas de Faraday. Invenção que facilitou tanto as comunicações a distância que hoje as estradas de ferro as usam com utilidade crescente, graças ao código de sinais breves e longos criado pelo próprio inventor. Mas necessita que estendamos longos fios de dispendiosa manutenção para manter a comunicação entre as estações. Por que não utilizamos as ondas descobertas por Hertz para transmitir esses sinais pelo espaço sem necessidade de um fio?".

Era essa a ideia que empolgava Marconi em 1894 quando, aos vinte anos de idade, começou suas experiências com a bobina de Ruhmkorff.

Os primeiros sinais

Qual era a dificuldade com que se deparava? Os sinais emitidos pelas ondas hertzianas eram muito fracos e alcançavam apenas poucas dezenas de metros.

Promete então a si mesmo envidar todos os esforços para conseguir distâncias cada vez maiores. Instala no sótão da casa em que morava com os pais – uma ampla mansão senhoril chamada Vila Griffone – um aparelho receptor para captar essas ondas, quando emitidas pela bobina.

Mas, a princípio, não iam além de 25 metros. Usa então a invenção recente de um físico francês, Édouard Branly. O coesor era um tubo cheio de limalhas de ferro que, estimulado, se tornava bom condutor da corrente elétrica. Uma invenção "puxava" outra.

Seu professor de física o havia orientado para as primeiras experiências. Seu pai o apoiava, embora nada entendesse daquilo. Sua mãe irlandesa, calma e compreensiva, o ensinou a ser paciente e o estimulou à constância, qualidade indispensável a um cientista.

No ano seguinte já o vemos levando para o ar livre suas experiências. Posta um transmissor junto à sua casa e, a trinta metros, o receptor munido de uma campainha elétrica.

Envia pelo espaço, sem fios de espécie alguma, os três sinais do código Morse referentes à letra S. Dez, quinze, vinte vezes sem resultado.

Quando já pensava em abandonar aquela tentativa, de repente a campainha toca. Sinal recebido!

Mas trinta metros nada significavam para a comunicação de mensagens.

Aí se lembra de que o russo Alexandre Popov havia utilizado pela primeira vez uma antena estendida no alto. Com dois ajudantes colocados ao seu lado pelo pai, instala esse dispositivo. E mais: um fio terra apontado para baixo.

Desta vez o sinal Morse se fez sentir a 40, depois a 50, enfim, a 100 e 200 metros!

Marconi leva o receptor para o alto de uma colina a 800 metros de distância e instala de novo a antena. Tudo isso levou alguns anos de tentativas tantas vezes infrutíferas. Mas um dia acabou funcionando.

– E atrás da colina? Será que uma elevação de terreno basta para impedir a propagação dessas ondas?

Instala de novo tudo no local designado. Volta ao seu transmissor. Preme o pulsante. Do outro lado da colina, um tiro de espingarda disparado no ar pelo seu ajudante anuncia:

– Pleno êxito, sr. Guilherme! Sinal transmitido.

A antena de Popov captava as ondas eletromagnéticas, mas não as transmitia. O aparelho de Marconi as produz e as transmite.

O telégrafo

Contava então com 25 anos de idade. Acabara de inventar o telégrafo sem fio.

Tira então a patente do seu invento, com o nome despretensioso de "aperfeiçoamento na transmissão de registros elétricos em aparelhos correspondentes".

Oferece sua invenção ao governo italiano. Este não a leva a sério. Que pode oferecer de útil esse jovem sem nenhum preparo acadêmico?

Era preciso empregar o seu invento em alguma instituição que lhe desse ocasião de provar sua utilidade em distâncias cada vez maiores.

Sua mãe irlandesa lhe sugeriu: "Experimente-o nos correios. Leva--o à Inglaterra", onde morava um primo materno. Este o apresenta ao ministro dos correios e telégrafos, onde os aparelhos Morse com fio eram largamente utilizados nas estradas de ferro. O ministro, intuindo o valor da invenção, se põe à disposição de Marconi, mas exige que prove a eficácia do invento.

Do teto do *Post Office* de Londres, diante de autoridades e de cientistas, Guilherme faz a sua primeira transmissão à cidade, com resultado relativo, mas convincente.

Passa mais tarde às planícies de Salisbury e atinge 4 quilômetros de transmissão sem fio. Em seguida, 15 quilômetros, desta vez entre duas cidades inglesas e por sobre o canal de Bristol. Prossegue em suas tentativas.

Em 1898, em uma transmissão a bordo de um barco comunica-se com o receptor instalado na costa da Irlanda. Foi a primeira transmissão internacional.

No ano seguinte, repete a proeza transmitindo seus sinais por sobre o canal da Mancha entre Inglaterra e França.

Entrementes o príncipe de Gales, futuro rei Eduardo VII, fratura uma perna no seu iate "Osborne". A rainha Vitória, sua mãe, quer notícias diárias sobre a recuperação. Recorre a Marconi, já famoso no país. Uma estação transmissora e receptora é instalada no barco do príncipe e outra na ilha de Wight, onde a rainha passava uma temporada. A Inglaterra toda se comove com o feliz resultado.

É quando surgem os primeiros detratores a desqualificar a invenção:

— Que futuro tem esse aparelho, no afã de aumentar a distância da propagação das ondas? Você esquece que a Terra não é plana, é redonda! Com o aumento da distância, a própria curvatura da terra vai tornar impossível a comunicação.

Marconi consegue provar que as ondas, propagando-se em todas as direções, também para o alto, se refletem nas camadas altas da atmosfera e voltam à terra, superando assim qualquer curvatura.

Em seguida, franceses o acusam de plágio. Para eles, o inventor do telégrafo sem fio é o francês Édouard Branly. O próprio Branly, porém, se encarrega de desmentir a acusação.

Finalmente, a plena consagração do seu invento: é erigida uma grande estação transmissora na planície desértica inglesa de Polhu, na Cornuália. Marconi viaja para os Estados Unidos e a 3.400 quilômetros da transmissora instala um receptor em Signal Hill, na Terranova.

Avisa por cabo submarino que passem a transmitir da estação inglesa os famosos três pontinhos da letra S do código Morse, desde o meio-dia até às quinze horas todos os dias.

Por três dias, nada se ouve. Mas a 12 de dezembro de 1901, finalmente, o sinal.

Envia em resposta um cabograma lacônico: "Sinal recebido. Marconi".

Foi a primeira transmissão por sobre o Atlântico, de continente a continente.

A Companhia que detinha o monopólio dos cabogramas, temendo a concorrência, move uma ação judicial contra ele. Inutilmente. Sua invenção viera para suplantar os cabos submarinos e ninguém conseguiria deter a marcha do progresso.

Com o tempo, a própria companhia dos cabos pede para ser acionista da companhia de telégrafo sem fio que Marconi acabara de fundar.

O inventor é recebido com festas em toda parte. Inclusive pelo próprio rei da Itália, Vitor Emanuel III. O rei põe à sua disposição o "Carlo Alberto", navio de guerra no qual o sábio instala a mais poderosa estação transmissora em campo móvel até então existente. Com duas grandes antenas suspensas no alto, o barco foi apelidado de "navio fantasma".

Percorre com ele as costas da Europa e de qualquer ponto consegue transmitir e receber mensagens de receptores que se vão multiplicando por todo o mundo.

No entanto, o inventor não se sentia ainda satisfeito:

— Se transmitimos sinais Morse e os conseguimos registrar por escrito, por que não podemos transmitir a própria voz? — pensava.

Sua inteligência já previa a comunicação pelo rádio.

O rádio

E o rádio veio realmente, porque, como acenamos, uma invenção, uma vez comprovada sua eficácia, abre logo na mente atenta dos cientistas o caminho para novas descobertas.

O grande inventor Thomas Edison havia transformado profundamente os costumes dos homens com a invenção do fonógrafo, ancestral dos nossos aparelhos de som, e com a criação da luz elétrica, que transformou a noite em dia. Foi um dos primeiros a enviar a Marconi um telegrama entusiasta de parabéns.

Mas vivia perplexo com um fenômeno acontecido em 1883 nos tempos em que inventara a lâmpada incandescente. Não sabia explicar a formação de uma corrente unidirecional entre os dois polos de sua lâmpada cada vez que a acendia. Chamaram esse fenômeno de "efeito Edison".

É que naquele tempo ninguém conhecia os elétrons, essas partículas mínimas encontradas nos átomos, que constituem parte de toda e qualquer matéria existente.

O físico inglês Joseph Thompson, estudando os raios catódicos, descobriu em 1897 a existência dos elétrons.

Explicou então que o tal "efeito Edison" era devido à passagem de elétrons livres do polo negativo para o positivo.

Por sua vez, Lee Forest, outro cientista, colheu essa descoberta como base para a criação da válvula eletrônica chamada tríodo, genial meio com o qual ele conseguiu dar uma direção e assim regular o fluxo daqueles elétrons.

Foi o caminho usado por Marconi para fazer chegar a voz humana e inclusive a música ao telégrafo sem fio. Aplicando ao seu aparelho ondas curtas eletromagnéticas, muito mais potentes que as até então usadas, e um novo sistema descoberto por ele, que chamou de radiotelegrafia dirigida, conseguiu uma amplificação tal que acabou levando para o espaço, sem o auxílio de fios, a própria voz.

Estava inventado o rádio. Eram os primeiros anos do século vinte.

Navios e cidades europeias e asiáticas passaram a usar essa invenção para comunicações de todos os tipos, sobre o mar e sobre a terra.

Na França, estavam querendo desmontar em 1903 a torre Eiffel de Paris, construída para Exposição Universal, achando-a um monumento de mau gosto artístico.

— Não façam isso! — advertiu. — É uma ótima e altíssima antena de rádio!

Em 1905 o Japão entrara em guerra com a Rússia. Por meio da incipiente radiocomunicação, consegue surpreender a chegada dos russos pelo mar e vencê-los na batalha de Tsushima.

Em 1909 um navio italiano de emigrantes, em noite de nevoeiro, sofre tremenda colisão com um navio inglês em pleno oceano, a cem milhas da costa. Afunda. Mas 1.400 passageiros são salvos graças ao pedido de socorro enviado pela nova invenção.

No mesmo ano, Marconi recebe o Prêmio Nobel de Física.

Em 1912 deu-se a célebre e trágica viagem do Titanic. O próprio Marconi fora convidado a participar dela, mas preferiu viajar por outro navio, para aproveitar o trabalho de uma estenógrafa encarregada de registrar suas pesquisas.

A ausência de um operador na cabine de radiodifusão por ocasião do desastre atrasou fatalmente a chegada do salvamento, provocando a morte de milhares de passageiros. Mas os 740 que se salvaram enviaram a Marconi uma plaqueta de ouro em agradecimento.

Quando então veio a Primeira Guerra Mundial, viu-se quão útil era sua invenção. No início do conflito, os aliados cortaram os cabos submarinos alemães, até aquele tempo a única maneira de se comunicar entre os continentes. De ambos os lados da luta, a radiotelegrafia e radiotelefonia foram abundantemente usadas em substituição aos cabogramas.

Marconi, depois da guerra, passou a singrar mares e oceanos no seu novo navio "Elettra", todo equipado para experiências radiofônicas.

– Com essas ondas e com modestíssima energia – afirmava –, podemos alcançar qualquer parte do mundo e um dia chegaremos até ao sol.

Do Mediterrâneo, comunicava-se tanto com Sidney na Austrália como com Bombaim, na Índia, com Buenos Aires e com o Rio de Janeiro.

O rádio, graças às suas "ondas curtas dirigidas", aplicadas inclusive a navios e aviões, teve tão rápida difusão a partir de 1920 que dez anos depois o mundo já contava com mais de 1.100 estações transmissoras. Inclusive a primeira no Brasil, transmitida do Rio de Janeiro pela primeira vez em 7 de setembro de 1922, centenário da Independência.

Instituiu-se em 3 de outubro de 1933 o "Dia de Marconi": nesse dia, da cidade de Arcetri, na Itália, ele acendeu somente por meios de ondas hertzianas as luzes da exposição industrial de Chicago, nos Estados Unidos.

Mas já antes dessa proeza havia acendido em 1931, a partir de Roma, as luzes do Cristo Redentor, a imensa estátua de 38 metros que se alteia no Corcovado, Rio de Janeiro.

No mesmo ano, por iniciativa do Papa Pio XI, instalara nos gabinetes pontifícios a Rádio Vaticana, que até hoje faz chegar a todos os rincões do mundo as vozes da Santa Sé.

O Cardeal Pacelli (à esquerda, mais tarde Pio XII),
o Papa Pio XI e Marconi,
na inauguração da Rádio Vaticana.

Quais eram as convicções religiosas de Guilherme Marconi? São dele estas palavras: "Declaro com ufania que sou homem de fé. Creio no poder da oração. Não só como fiel cristão. Mas também como cientista".

Muitos julgam que os cientistas são todos ateus ou agnósticos. Não é assim. Em todas as épocas da História, deparamo-nos com grandes gênios que souberam, através da pesquisa das leis da matéria, encontrar e venerar com sinceridade a pessoa do seu Criador.

A mente criadora do inventor do telégrafo sem fio, porém, não parava: havia iniciado naqueles anos seus primeiros experimentos com micro-ondas. E chegava já a grandes resultados, quando um ataque de angina o acometeu em julho de 1937.

Apenas um dia depois de ter discorrido sobre micro-ondas com seu assistente no leito em que jazia, apagam-se em Roma para sempre as luzes de sua vida.

Guilherme Marconi oferecera ao mundo o mais poderoso meio de comunicação até então inventado.

Civilizadores do passado

Um povo sem escrita

Percorremos até agora o testemunho vivo de pessoas nossas contemporâneas ou quase, que souberam valorizar a sua vida deixando para nós um exemplo imortal de dedicação no campo da caridade cristã e da promoção humana, como no do amor à pátria, do progresso das ciências ou na difusão da beleza e da arte.

Mas se formos pesquisar os séculos mais antigos, descobriremos que em todos os tempos, na Idade Média como na Antiguidade, surgiram inteligências brilhantes e vontades férreas que "souberam viver", pondo à disposição da humanidade sua capacidade criadora.

Entre os povos que, na Idade Média, emigraram do norte e do oriente e invadiram grandes regiões da Europa central e oriental, figuram quase por último os eslavos.

Originários das estepes da Ucrânia entre os rios Vístula e Don, expandem-se a partir do século VI pelo Leste europeu, desde o Mar Negro até ao Báltico, de tal modo que por volta do ano 850 aquelas vastas extensões da Europa estavam "eslavizadas" quanto à língua e aos costumes.

Nos séculos oitavo e nono atingem a península balcânica. Ainda não organizados em Estados, aglomeravam-se apenas em tribos e grupos de famílias.

Aquela vasta região da Europa era dominada em parte pelo Império Romano do Oriente, também chamado Império Bizantino, por ser Constantinopla, antiga Bizâncio, a sua capital; e em parte pelo Império Franco-Germânico formado no Ocidente nos tempos de Carlos Magno.

O primeiro iria durar quase dois mil anos, conservando e difundindo a língua e a cultura grega por toda aquela região. O segundo empenhava-se em preservar e expandir o latim como língua unificadora dos mais variados povos da sua jurisdição.

As tribos eslavas, incultas porque nem escrita ainda possuíam, mas ricas de uma tradição oral que vinha de muito longe, sob a tutela do Império Bizantino foram formando vários principados, alguns poderosos, como o de Ratislav, príncipe da Moldávia, situada às margens do Danúbio, e o de Kocel, rei da Pannônia, antiga província romana; duas regiões que hoje fazem parte da Hungria e da Romênia. Também na chamada Grande Morávia, hoje correspondente à República Checa e à Eslováquia, os reis pediram ao Papa que enviasse missionários cristãos para os eslavos.

Viviam em Tessalônica (hoje Salônica), capital da Macedônia, importante província do Império do Oriente na península balcânica, dois irmãos sacerdotes, Cirilo (chamado a princípio Constantino) e Metódio, filhos de grego e eslava.

Tessalônica foi a primeira cidade da Europa a receber a evangelização por parte do próprio São Paulo, o apóstolo dos pagãos. Suas cartas aos tessalonicenses figuram nas páginas do Novo Testamento.

Eram meados do século nono da era cristã. Os dois irmãos, a pedido do rei dos tsares, partiram para as margens do Mar Negro dispostos a agir como São Paulo. Lá foram informados sobre a língua eslava da tribo "Ross", que eles se esforçaram por aprender, pois desejavam traduzir para o eslavo os livros da Bíblia.

Mas como, se aquele imenso povo, dividido em várias línguas e dialetos, nem sequer tinha uma escrita?

Eis então a genial decisão dos dois evangelizadores: "Vamos criar para ele um alfabeto".

Surgiu então o alfabeto "glagolítico", assim chamado porque "glágola", em línguas eslavas, quer dizer "palavra", e constituído em grande parte de letras gregas e em parte inspirado também nos sons do hebraico e do latim.

Essa escrita providencial – os "caracteres cirílicos", como foram chamados – foi adotada por muitos grupos eslavos do oriente europeu e se conserva até hoje como veículo de cultura entre numerosos povos, desde os sérvios e macedônios, os búlgaros e moldávios, até os ucranianos e os russos.

Mais tarde, difundiu-se também pelas hoje repúblicas asiáticas do Azerbaijão, Ossétia, Cazaquistão, Tadjiquistão, Uzbequistão e Quirguistão, em torno do Mar Cáspio.

Nessa escrita, começando pelo evangelho segundo João, se puseram os dois missionários a traduzir nas línguas e dialetos eslavos primeiro a Bíblia, depois o Direito Canônico oriental e ao mesmo tempo os textos litúrgicos da Missa e dos Sacramentos, para que o culto pudesse ser celebrado em língua vernácula.

Naquele tempo o Direito Canônico oriental era uma coletânea meio dispersa de leis eclesiásticas e civis bizantinas, o "Nomocanon".

Não foi fácil para eles propor essa inovação. Em 863, quando a pedido do rei da Grande Morávia passaram a missionar nessa região da Europa central, grande parte dos eclesiásticos do clero latino se opôs com veemência. Consideravam o hebraico, o grego e, sobretudo, o latim como línguas sagradas e achavam uma profanação celebrar o culto em outra língua. Cirilo, ao contrário, chamava de "heresia trilíngue" a essa pretensão.

Os dois missionários foram chamados a Roma, a convite do papa Nicolau I. Seu sucessor Adriano II não só deu amplo apoio a eles, já famosos no Oriente, mas ordenou numerosos sacerdotes dentre os discípulos de Cirilo e determinou que a Missa fosse celebrada em eslavo em quatro das igrejas de Roma. Mandou em seguida depositar os livros litúrgicos eslavos na basílica de Santa Maria Maior, uma das quatro mais célebres igrejas de Roma.

Cirilo, doente, recolheu-se a um mosteiro, onde morreu pouco depois. Seu corpo jaz sepultado no centro de Roma, na histórica basílica de São Clemente.

Metódio, sagrado bispo em Roma, foi reenviado ao oriente europeu como arcebispo da Pannonia e da Morávia.

Mas essa região pertencia ao império franco-germânico dos sucessores de Carlos Magno. O imperador Luís, o Germânico, vendo na imposição da língua e cultura latinas um meio de unificar os povos sob seu domínio e julgando qualquer diversidade de língua, cultura ou liturgia como uma ameaça a essa unidade, manda prender o missionário e assim o conserva por dois anos e meio num mosteiro bávaro, até que o novo Papa João VIII intercede pela sua libertação.

Durante o tempo do cativeiro, Metódio traduz para os eslavos diversos escritos dos Santos Padres antigos.

João VIII, na bula *Industriae tuae*, aprova plenamente o uso do eslavo no culto público, declarando: "Aquele que fez as três principais línguas do nosso tempo é o mesmo que criou as outras línguas para seu louvor e sua glória".

Metódio volta à Morávia e missiona em eslavo até morrer em 885.

João Paulo II o definiu como possuidor de "uma ação previdente, doutrina profunda, equilíbrio, lealdade, zelo apostólico e magnanimidade intrépida".

Expulsos da Morávia pelo imperador, os numerosos discípulos de Metódio espalharam o Evangelho e o rito eslavo por grande parte do oriente europeu.

No Ocidente cristão, o latim prevaleceu como língua litúrgica por muitos séculos, até que em nossos tempos o Papa João Paulo II concedeu a todos os povos o benefício de celebrar o culto cristão e editar os livros litúrgicos na sua própria língua. Um grande passo dos tempos modernos, mas de que os dois missionários foram geniais precursores.

Padre Nicolás Milus, ucraniano emigrado para o Brasil, animador da Igreja ucraniana na América do Sul, citando algumas expressões de João Paulo II, assim se exprime: "A doutrina deve ser apresentada de uma maneira que a torne compreensível àqueles a quem o próprio Deus a destina. Os santos Cirilo e Metódio se dedicaram a traduzir as noções da Bíblia e os conceitos da teologia grega no contexto de um pensamento e de experiências históricas muito diferentes. Eles queriam que a única palavra de Deus fosse tornada assim acessível de acordo com os meios próprios de cada civilização. Compreenderam, portanto, que não podiam impor aos povos a quem deviam pregar, nem a indiscutível superioridade da língua grega e da cultura bizantina, nem os usos e comportamentos da sociedade mais avançada em que tinham sido formados. Punham em prática a perfeita comunhão no amor que preserva a Igreja de todas as formas de particularismo e de exclusivismo étnico ou de preconceito racial, bem como de qualquer arrogância nacionalista".

Mas nada melhor que a palavra de João Paulo II, também ele eslavo de nascimento, ao escrever a carta *Slavorum apostoli* em 1985, para expressar quanto os dois missionários civilizadores contribuíram para "a amistosa convivência e o respeito à dignidade intrínseca de todas as nações" e como, "com a invenção original e genial de um alfabeto para essa língua, deram uma contribuição fundamental à cultura e à literatura de todas as nações eslavas".

Por isso, o mesmo Papa os declarou, como São Bento, padroeiros da Europa e pais do cristianismo eslavo.

A ação surpreendente dos monges

Franco Pierini, em sua *História da Igreja*, nos informa sobre a ação providencial dos monges medievais na conservação e divulgação da cultura em plena Europa. Nele nos inspiramos para a apresentação deste capítulo.

Os primeiros séculos da Idade Média foram sacudidos por repetidas invasões de numerosos povos emigrados das regiões do norte e do oriente. Os romanos os chamavam de bárbaros. De fato, em muitos casos se trataram de hordas que agiam com violência avassaladora. Mas muitas dessas migrações não foram caóticas, e sim motivadas pela admiração que aqueles povos sentiam pela cultura, pelo bem-estar e progresso do Império.

Os bárbaros, analfabetos em sua quase totalidade, inclusive na sua classe dirigente, fizeram recair no analfabetismo várias regiões por eles invadidas, pondo em perigo a sobrevivência da própria cultura greco-romana herdada da antiguidade.

Foi mérito dos monges medievais no Oriente e no Ocidente que grande parte da herança literária dessa cultura tenha atravessado ilesa a enxurrada das invasões. Principalmente no período dos anos 500 a 800.

O cristianismo, com a difusão das Escrituras sagradas, contribuiu grandemente para conservação da cultura greco-latina, bem como para traduções de documentos antigos em línguas celtas, armênias e eslavas.

É na Idade Média que, no âmbito das línguas "bárbaras" – céltico, anglo-saxão, germânico, eslavo –, se formaram as línguas e as literaturas modernas.

Thomas Woods abre em sua obra *Como a Igreja católica construiu a civilização ocidental* um extenso capítulo de "como os monges salvaram a civilização". Tentamos resumi-lo aqui no que há de mais essencial.

Quando se fala de monges, muita gente imagina pessoas separadas dos homens comuns, encerradas em sua clausura, num grande retraimento como que afastados do mundo dos vivos.

Nada mais falso. As Ordens monásticas, em todos os tempos, participaram intimamente da nossa história espiritual, artística, econômica e política, muitas vezes em posição de liderança.

Construíram seus mosteiros em lugares incultos e isolados. Como atestam os historiadores Henry Goodell e John Gimpel – para citarmos apenas estes entre tantos –, "trabalhando com suas próprias mãos, drenaram pântanos na Inglaterra e desmataram florestas na Alemanha, transformando parte delas em campos cultivados e conservando-as onde fosse possível". Deram grande impulso à agricultura e à criação, à plantação de vinhas e cereais.

Os monges valorizavam muito o trabalho manual. Dedicar-se a ele fazia parte das regras de São Bento e tornava os mosteiros até certo ponto autossuficientes.

Na França, represaram águas nas nascentes e as distribuíam em tempo de seca.

Sua contribuição à tecnologia medieval é notável, sobretudo difundindo por toda a Europa os moinhos hidráulicos (na época romana, eram movidos pelo braço escravo) que não só moíam o trigo, mas tratavam os tecidos e o couro. Também na metalurgia se distinguiram: muitos mosteiros possuíam oficinas e fornos de fundição do ferro.

E até na fabricação de relógios mecânicos se tornaram célebres, com figuras móveis que tocavam as horas no tempo devido. Como no famoso relógio de Magdeburgo, cuja construção efetuada no décimo século é atribuída a Gerberto de Aurillac, que mais tarde se tornou o Papa Silvestre II.

Mas foram as obras de caridade e de ensino que os imortalizaram: a hospitalidade gratuita a viajantes e peregrinos fazia parte da Regra, bem como o socorro aos perdidos na mata, nas montanhas ou no mar. É célebre a "Pedra do Sino" em Forfashire, colocada por eles para avisar os marinheiros dos perigos do mar.

Os mosteiros medievais se tornaram, sobretudo, centros de educação e ensino. Cada mosteiro era obrigado a ter uma escola. Além disso, numa época em que os livros eram escritos à mão, a ocupação primordial do monge, além da oração e da meditação, era a de copista, ou seja, a de transcrever os manuscritos da antiguidade. Graças a eles, as obras dos clássicos latinos e gregos chegaram até nós. Não só as obras dos filósofos, mas as dos poetas e prosadores como Cícero, Ovídio, Horácio, Suetônio e Virgílio foram preservadas graças aos monges, numa época em que outros pregavam de maneira retrógrada a sua destruição, por serem escritos de pagãos.

As escolas monásticas não foram as únicas. Também se multiplicaram na época medieval escolas nas catedrais. Por sua vez, também os árabes foram na mesma época grandes divulgadores da ciência e dos escritos dos sábios da antiguidade. Mas o mais insigne fruto da evolução das escolas monásticas foi o surgimento das Universidades, criação genuína da Igreja medieval.

Nos séculos que precederam ao de Cirilo e Metódio, dois professores surgidos das escolas monásticas se revelaram como fundadores de mosteiros e civilizadores dos povos tachados como "bárbaros". Foram eles São Bonifácio, na Alemanha, e São Patrício, na Irlanda.

Wilfrido era o seu nome de batismo, antes de receber o de Bonifácio

Nos séculos sexto ao oitavo da era cristã, os povos ditos "bárbaros" foram aos poucos formando reinos e até impérios, como a Heptarquia, os sete reinos anglo-saxões da Inglaterra, e o poderoso reino dos Francos.

A Alemanha, porém, permanecia em grande parte pagã.

Wilfrido nascera na Inglaterra e, como diversos ingleses e irlandeses da sua época, se fizera missionário. Sacerdote desde os trinta anos de idade, dirigia a escola monástica de Exeter, no sul do seu país (hoje sede de uma grande universidade), quando o Papa Gregório II, por escrito, o envia à Frísia (região do norte da Holanda de hoje) para "evangelizar os idólatras". Une-se então ao bispo Wilibrodo nessa difícil tarefa, porque os frisões se mostravam rebeldes à pregação da fé.

Chamado a Roma em 722, o Papa o ordena com o título de "Bispo da Alemanha".

Foi aí que passou a ser chamado de Bonifácio, ou seja, "aquele que faz o bem".

Parte então para a Turíngia, onde constrói igrejas e ordena sacerdotes. Cria o seu primeiro mosteiro: de Chardroff, em Gotha, o primeiro baluarte da fé na região. Lá passa a residir. Mais três mosteiros surgiram depois, e outros para monjas.

Evangeliza em seguida a Baviera, onde cria quatro dioceses. E mais três na Turíngia. Organiza a vida eclesiástica com retidão, prudência e profunda adesão ao Papa, dirigindo em pessoa vários sínodos locais de bispos.

Entrementes, no império franco dos sucessores de Carlos Magno, a ambição pela riqueza das cortes havia contaminado também os mosteiros. Convocando quatro concílios nacionais, trabalha com grande operosidade na reforma daquelas comunidades.

A partir dessa época, o célebre mosteiro beneditino de Fulda, dependente diretamente da Santa Sé, fundado por Sturm, discípulo de São Bonifácio, torna-se por vários séculos um foco de civilização e cultura.

Por último, colocando como sucessor no bispado o seu discípulo Lullo, volta novamente à vida missionária, retornando aos pagãos na Frísia, onde havia trabalhado de início. Leva consigo cinquenta entre sacerdotes e seminaristas.

Muitos ouviram sua palavra e abraçaram a fé. Mas em Dockum, um magote de pagãos investe com fúria sobre ele e sobre vários de seus acompanhantes e os trucidam. Bonifácio levava nas mãos apenas o volume do Evangelho. Estende-o à sua frente como para se proteger. A espada que partiu em dois o livro, golpeia-o de morte em seguida.

Termina a vida como mártir da fé aquele missionário que, com admirável zelo apostólico, grande operosidade e notável senso prático, havia valorizado sua vida, fundando mosteiros, instruindo e trazendo para a Igreja multidões de povos germânicos.

Foi o maior apóstolo da Idade Média, comparável apenas a Cirilo e Metódio, evangelizadores dos eslavos.

Seu culto se estendeu logo pela Alemanha e por todos os países de língua germânica que aos poucos se formaram. Quanto à Frísia, sua população foi "cristianizada" à força pelas armas de Carlos Magno e seus sucessores, em total oposição aos métodos missionários de Bonifácio.

Patrício

Considerado o maior apóstolo da Irlanda medieval, Patrício nasceu na Inglaterra, tal como Bonifácio, três séculos antes dele, de uma família bretã. A história da cristianização dos bretões perde-se nos tempos por falta de documentos suficientes.

Contava apenas 16 anos de idade quando foi raptado por piratas irlandeses, permanecendo seis anos no cativeiro. Quando consegue evadir-se, atravessa o mar e emigra para o continente. Em Auxerre, na Gália (hoje França), como discípulo de São Germano, se forma e se ordena sacerdote.

Sente-se, então, como tantos de seu tempo e sua terra, chamado à vocação de missionário e precisamente na Irlanda onde vivera como cativo.

No ano de 432, já bispo, parte para aquelas regiões, onde os druidas opunham tenaz resistência à pregação da fé.

Os druidas, na Gália, eram sacerdotes celtas dos deuses pagãos, educadores e juízes do povo. Na Irlanda, eram tidos também como profetas e adivinhos, evocadores do passado e profetas do futuro.

Com genuíno espírito missionário, Patrício desenvolve uma Igreja celta, adotando os usos e costumes próprios da região, cheios de valores originais. Encontra oposição cerrada justamente nos eclesiásticos que pretendiam romanizar aquela região.

Mas o seu mérito principal é o de promover o monacato, multiplicando os mosteiros e as escolas anexas, como células da organização religiosa e cultural na Irlanda. O abade – o superior do convento – era em muitos lugares a maior autoridade do território e cercanias.

Ele mesmo descreve sua vida no livro *Confissões*, em que se declara "pecador e ignorante; é pela graça de Deus que tantas pessoas renasceram para a fé por meu intermédio".

Seu famoso retiro de quarenta dias deu origem ao costume da peregrinação irlandesa ao monte Croagh Patrick, de 764 metros, em Country Mayo, até os dias de hoje.

Foram os celtas de São Patrício os evangelizadores do povo anglo-saxão no século seguinte.

Zilda Arns
"O segredo é trabalhar com amor"

Na roça

Forquilinha é o ambiente rural onde nasceu Zilda Arns Neumann, no interior do Paraná. Muitos descendentes dos imigrantes alemães e italianos que se estabeleceram no sul do Brasil prosperaram, não em ricas fazendas, mas em sítios até certo ponto autossuficientes, onde criavam vacas, ovelhas e porcos, ou plantavam milho e arroz.

Assim era o sítio de Gabriel Arns e seus treze filhos, entre os quais Zilda.

Aos dez anos a garota, para continuar seus estudos (Forquilinha só tinha o primário), vai morar com toda a família em Curitiba.

Já adolescente, integra-se na catequese paroquial das crianças e inicia visitas às favelas, à imitação do que sua mãe já fazia em Forquilinha.

Em contato com a miséria do povo, constata que a mortalidade de muitas crianças tem como uma das causas a ignorância das mães pobres quanto aos primeiros cuidados de seus bebês.

A vocação

Nesse trabalho, aos 16 anos de idade, lhe vem o desejo de ser médica para "ensinar as mães a prevenir doenças e a terem mais cuidado com seus filhos". Percebeu que muitas as alimentam com mamadeiras, por vezes sem higiene, ao passo que o leite do peito é o de que mais os pequeninos precisam. Passa então a trabalhar como acadêmica voluntária no Hospital de Crianças César Pernetta, que atendia somente indigentes.

Foi assim por cinco anos. Um dia, a Irmã superiora, que a tratava muito bem, lhe pediu que não viesse mais para esse trabalho. Voltando para casa, chorou muito, porque não sabia a razão. Só muitos anos depois é que ficou sabendo por que fora despedida: as Irmãs temiam que, por ser muito bonita, corresse o risco de sucumbir aos galanteios dos homens que frequentavam o estabelecimento.

Já formada, passou a trabalhar no Hospital Nossa Senhora das Graças, em Curitiba.

Iniciava seu trabalho todos os dias às sete da manhã e não saía sem ter atendido "até a última criança da fila".

Casou-se em 1959. Criou seis filhos e ao mesmo tempo empreendeu os esforços por uma especialização em vários campos da profissão.

E nem perdeu o ânimo quando, aos dezoito anos de casada, perdeu o marido Aloysio, falecido num acidente aos 46 anos de idade.

De curso em curso e em sucessivas nomeações, sua vida profissional foi se aperfeiçoando cada vez mais: médica da Secretaria de Saúde do Estado; diretora da rede de postos de saúde com responsabilidade sobre 21 comunidades na perifeira de Curitiba, proporcionando educação a 27 clubes de mães; diretora da APM Saza Lattes, uma entidade filantrópica mantida pela Secretaria Estadual de Saúde Pública para não deixar faltar medicamentos para os postos de saúde.

Em seguida é selecionada para o Curso de Pediatria Social na Universidade de Antioquia, em Medellín, na Colômbia, promovido pela Organização Pan-americana de Saúde e, dois anos depois, para o Curso de Administração de Programas de Saúde Materno-Infantil, na Fundação Osvaldo Cruz do Rio de Janeiro. Por último, em 1977, participou um ano do Curso de Saúde Pública na Universidade de São Paulo, entremeando todo esse tempo de aulas com grandes ocasiões de experiência intersetorial em igrejas, escolas e prefeituras.

Foi então que, em 1979, sobreveio o seu grande momento.

O grande momento

Era o Ano Internacional da Criança. Irrompeu de repente uma epidemia de paralisia infantil (poliomielite) em União da Vitória, no sul do Paraná.

O secretário de saúde do estado e um grupo de experientes sanitaristas a chamaram e lhe deram a incumbência de planejar em uma noite, em regime de urgência, a Campanha de Vacinação Sabin.

Dra. Zilda põe-se imediatamente ao trabalho e, no dia seguinte, chama os próprios parceiros que com ela trabalharam no ano Internacional para iniciar a campanha.

O próprio inventor da vacina, o famoso cientista Albert Sabin, em visita ao Brasil, veio com a esposa e os técnicos acompanhar e assessorar a campanha no Paraná. Foi um sucesso.

Zilda dirigia o Departamento de Saúde Materno-Infantil do Paraná quando, nas eleições estaduais, a oposição ganhou e ela foi demitida do cargo. Assim são os políticos.

Foi quando o seu irmão de sangue, D. Paulo Evaristo Arns, então Cardeal Arcebispo de São Paulo, estimulado pelo Sr. James Grant, diretor executivo da Unicef, a procura e propõe:

– Que tal iniciar um projeto que pode ajudar a salvar milhares de crianças de morrer por desidratação?

– E como?

– Pela preparação do soro caseiro.

Era o ano de 1982.

****

Que é o soro caseiro?

Quando a pessoa (criança ou adulto) sofre com vômitos ou diarreias, seu organismo perde muita água e sais minerais, que é preciso repor. É a desidratação que pode levar à morte uma criança pequena.

Para evitar isso, a administração do soro caseiro é um método barato e simples:

Busque gratuitamente num posto de saúde ou numa farmácia popular a colher-padrão de plástico.

No lado maior, coloque uma medida rasa de açúcar (corresponde a uma colher das de sopa).

No lado menor, uma medida rasa de sal (corresponde a uma colherinha das de café). Misture tudo em um litro de água filtrada e fervida.

Em caso de vômitos ou diarreia, fazer a criança tomá-lo várias vezes por dia para restituir-lhe a água e os sais minerais que perdeu.

Mesmo quem não possui a colher-padrão pode preparar o soro. Basta acertar na dose requerida.

É admirável e quase incrível como um recurso tão simples pode salvar tantas vidas!

****

Zilda pôs-se ao trabalho naquela mesma noite, com o bule de café preto ao lado, para não se deixar vencer pelo sono. Conhecia e praticava havia tempo todas as ações básicas de promoção da saúde e nutrição, que ela resumiu no seguinte:

- Pré-natal.
- Soro caseiro.
- Amamentação.
- Vigilância nutricional.
- Vacinação.
- Cuidado das gestantes na ocasião do parto.

A vigilância nutricional consiste no trabalho dos líderes de ensinar e conduzir as famílias a assegurar a higiene, a qualidade e a adequação dos alimentos de acordo com a idade e o crescimento das crianças, bem como a controlar periodicamente o peso delas, a fim de comprovar a eficácia do tratamento. O Dia Mensal do Peso é celebrado com especial cuidado pela Pastoral da Criança.

O governo tem um departamento para a vigilância nutricional (SISVAN) que fornece subsídios e orientação.

O milagre da multiplicação

Mas como ensinar as mães que viviam na roça e nas favelas, a maior parte delas carente e analfabeta, e cujo maior problema provinha da exclusão social em que viviam?

Ela mesma o conta no precioso e comovente livrinho da coleção "Depoimentos brasileiros", da Editora Leitura de Belo Horizonte, com apresentação de Carlos Figueiredo e Hélio Gaspari, que tem seu nome como título e no qual me inspirei para este resumo de sua vida: "Surgiu-me a ideia de aplicar a metodologia de Jesus no milagre da multiplicação dos pães".

Que fez Jesus naquela ocasião?

Primeiro ordenou aos apóstolos: "Busquem vocês mesmos o alimento para essa multidão". E quando conseguiram recolher apenas a exígua quantidade de cinco pães e dois peixes: "Que todo esse pessoal se divida em grupos, sentado na relva". À medida que os apóstolos levavam aos grupos os pães multiplicados, os próprios componentes dos grupos os distribuíam aos participantes. E recolhiam o que sobrava.

Aí está: tratava-se de envolver nesse trabalho as próprias mães carentes e a comunidade em que moravam.

É o que ela chamou de *multiplicação do saber*: quanto mais participação da comunidade, mais educação e promoção humana.

E mais: embora não desprezando o concurso do governo, não esperar por ele. "Muitos problemas – sentenciou – podem ser resolvidos pelas próprias mães. Elas mesmas, uma vez instruídas com palavras simples e acessíveis, podem se tornar as multiplicadoras desse saber para salvar".

Por onde começar?

Achou conveniente testar o método numa paróquia, uma das mais pobres, antes de estendê-lo para mais longe.

Florestópolis, na arquidiocese de Londrina, tinha essa fama. Nessa região morriam 127 crianças em cada mil nascidas vivas. Os pobres, setenta por cento da população, trabalhavam como boias-frias nos canaviais e algodoais. Quando terminava a colheita, sobrava tempo para reunir as famílias. "É essa a Hora de Deus", pensou. Apoiada e estimulada pelo arcebispo, na época D. Geraldo Magella Agnello, pediu: "Irmã Eugênia (uma das animadoras da pastoral), reúna, por favor, uns vinte líderes entre professores e professoras das escolinhas, que ajudem a formar opinião. E que não sejam da área política. Líderes da Igreja, pois se trata de um programa cujo espírito é a Fé impulsionando a Vida".

Expôs-lhe o plano. Seu estilo simples e popular captou logo a confiança de todos: "Como a senhora explica bem – disse uma delas com os olhos brilhantes de emoção –, nunca alguém nos ensinou como a senhora a cuidar dos nossos filhos...".

Assim começava a Pastoral da Criança.

Mostrou-lhes também a importância da visita domiciliar mensal às famílias, da reunião mensal dos líderes para análise das estratégias e dos resultados, a importância do Dia do Peso: promoção mensal da pesagem das crianças para atestar o progresso do programa nutricional.

Partiram todos decididos a aplicar a novidade das seis ações básicas propostas acima, a começar pelo soro caseiro. Depois de um mapeamento, o número de líderes comunitários passou a 76. Ela mesma redigiu à mão a apostila de capacitação que, datilografada em 130 cópias, explicava aos grupos as ações básicas.

Em um ano, a mortalidade infantil em Florestópolis baixou de 127 crianças por mil a 28. Era o milagre da multiplicação da vida.

Aos poucos, outras iniciativas se acrescentaram às primeiras: a horta caseira, a alimentação alternativa, a alfabetização dos jovens e adultos, a geração de renda, a Casa da Gestante... Quem quiser uma relação detalhada dessas e de outras iniciativas, basta consultar o serviço de

Pastoral da Criança da paróquia mais próxima e poderá até participar da sua espiritualidade e atuação.

Pelo Brasil

Chegou então o momento de ampliar para todo o Brasil essa iniciativa.

Em 1984, D. Luciano Mendes de Almeida, então secretário executivo da Conferência dos Bispos do Brasil (CNBB), convida Dra. Zilda Arns para expor aos bispos reunidos em assembleia anual em Itaici, São Paulo, o projeto da Pastoral da Criança, agora já em atuação em diversas paróquias.

Em conversa com os bispos, D. Austregésilo, bispo de Afogados de Ingazeira, Nordeste do Brasil, lhe disse: "A Alemanha me manda um apoio, com o qual eu compro leite para as crianças da Diocese não morrerem". Ao que a doutora retrucou: "Compre-o e distribua para as mães desnutridas. Assim poderão amamentar os filhos com o leite muito mais adequado que a própria natureza lhes prepara no seio. Esse nunca deve ser substituído".

A começar por São Paulo, a Pastoral da Criança foi se expandindo pelas dioceses, pois foram muitos os bispos que se entusiasmaram pela ideia.

A apostila de capacitação vai passando por cada uma das cidades e dos estados onde a Pastoral da Criança, uma vez instalada com o auxílio dos bispos, foi exercendo sua ação salvadora: São Luis do Maranhão, Fortaleza, Maceió, Manaus, Rondônia, Caicó, e enfim no Alto Solimões entre índios e ribeirinhos... Quantas viagens a doutora empreendeu por ar e por terra por todo o Brasil, inclusive pelos rios amazônicos para, visitando essas pastorais, então já espalhadas por toda parte, dar-lhes estímulo e coragem!

Hoje o resultado é surpreendente. A própria apostila, cuja edição é de 2003, informa: "Segundo dados recentes do IBGE, para cada mil crianças nascidas vivas no Brasil, 29,6 morriam antes de completar um ano. Em 2002, nas comunidades com Pastoral da Criança esse índice foi menor do que 14".

A Pastoral da Criança, presente em 3.616 municípios, acompanhou até aquele ano cerca de 79.500 gestantes, mais de 2.630.000 crianças e 1.200.000 famílias pobres, por obra de sete mil equipes de coordenação, capacitação e acompanhamento. E isso pelo custo financeiro de menos de meio dólar por criança ao mês.

Os críticos

Houve críticas a essa iniciativa? Algumas.

– Isso é paternalismo! – gritou-se. – Cuidar da saúde pública é dever do governo!

A resposta:

– Sem dúvida. Mas se tudo esperarmos dele, quantas crianças morrerão? Os líderes comunitários não só previnem as doenças, mas são verdadeiros doutores em cidadania e tornam-se agentes de transformação.

– Mas você não deve fazer convênios com o governo! Não vê como é corrupto?

E ela:

– É melhor que o governo gaste algo com a Pastoral da Criança em vez de ver esse dinheiro parar na mão dos corruptos.

Outros:

– E o Caderno dos Líderes que eles têm de preencher minuciosamente cada mês? E os recibos que têm de enviar? Tudo isso é burocracia demais!

– Como, sem pesar e anotar, eles vão saber quais e quantas as crianças nascidas sem o peso ideal? E quantas e quais mamam até os quatro meses completos? E quantas com menos de seis anos foram pesadas? E quantas foram achadas desnutridas? Desidratadas? Quantas tomaram o soro? Quantas estão com a vacina em dia? Morreu alguma?

Houve mães desnutridas? Não acompanhadas? Quantos líderes prestaram contas do dinheiro empregado? Como saber tudo isso sem anotar, sem controlar?

Pelo mundo

Mas toda obra de amor tende a se expandir. Chegava a hora de ultrapassar as fronteiras do país: Moçambique, Guiné-Bissau, Angola, Timor Leste, Filipinas, Paraguai, Colômbia, Venezuela, Bolívia, Chile, Argentina, Peru, México. É da própria Dra. Zilda a enumeração desses países, exatamente nessa ordem, à medida que se espalhava a Pastoral.

Todos temos ainda tão presente na memória, com profundo pesar, o acontecimento final de sua vida: em 12 de janeiro de 2010, quando a doutora em pessoa implantava a sua obra em um dos mais pobres países do mundo, o Haiti, um pavoroso terremoto assolou a região e ela sucumbiu sob os escombros, em pleno exercício do seu apostolado.

Morreu consagrando à salvação das crianças até seu último momento de vida.

Eles souberam viver, apesar de...

Há gente que se escusa com o fácil pretexto de "também eu teria feito algo na vida, não fossem as dificuldades que encontrei".

Não podia faltar nesta breve relação sobre os que souberam viver legando para o mundo os frutos da sua inteligência, coragem e dedicação aqueles que se depararam com extremas dificuldades para conquistar os ideais de sua vida. Apesar disso, tiveram garra suficiente para superá-las.

Dom Bosco
Os três sonhos

Primeira parte

Era a primeira metade do século dezenove.

O Joãozinho Bosco, apesar de nascer e viver sua infância na roça, numa época de carestia e pobreza, apesar de perder o pai aos dois anos de idade – sua mãe camponesa se viu sozinha com três filhos e uma velha nora para cuidar –, alimentava no coração um grande sonho: "Quero estudar muito e me formar para um dia ser padre".

Ainda por cima, além de sua penúria, lá estava Antônio, seu irmão, cinco anos mais velho, trabalhador como poucos, mas analfabeto e cheio de aversão para com a mania do outro de querer estudar. E o azucrinava quanto podia: "Olha o doutorzinho! Enquanto trabalhamos duro cultivando a terra, você aí com esses livros pretende escapar do serviço!".

Não era verdade. João igualava-se aos irmãos no trabalho do campo. Era à noite, à luz da vela ou ao calor da lareira que ele satisfazia o seu desejo de saber.

É verdade que um velho sacerdote, padre Calosso, ao notar a inteligência daquele petiz que mal cursara o primário, o ajudou algum tempo para se introduzir nos estudos.

Padre Calosso achou que uma inteligência como aquela não podia ficar sem escola. E decidiu: "Se o seu irmão maior não quer que você vá para a escola, serei EU o professor!".

Dito e feito. Sob a guia do bom sacerdote, Joãozinho Bosco progrediu com passos de gigante. Até latim, a língua culta da época, foi capaz de aprender.

E ao saber que o menino almejava tornar-se padre, caso encontrasse meios de prosseguir seus estudos, o velho capelão, em segredo, passou a fazer severa economia com tudo o que recebia de espórtula ou presente e a juntar numa gaveta o que pretendia reservar para a formação do seu protegido.

Sonhos de ancião: já via Joãozinho no seminário; depois, imaginava-o no púlpito. Logo mais, distribuindo a Eucaristia ou ensinando as multidões. Ou junto ao leito dos doentes, confortando-os.

Mas... ai! Numa manhã de novembro, João foi chamado às pressas. O velho agonizava, colhido por um colapso. Tentou entregar-lhe a chave daquela gaveta fatídica. Com os olhos, parecia lhe dizer: "É sua!".
Mas os parentes, acorridos à tardinha, procuraram pressurosos pela chave. Quem poderia supor pertencer o seu conteúdo a João? Entregou-a sem insistir.

Velou toda a noite junto ao cadáver. Na manhã seguinte, acompanhado o enterro, voltou para casa, mais triste e mais pobre do que nunca.

Apagou-se a esperança?

Qual o quê! João não era de desanimar. Superada aos poucos a tristeza pela morte do seu benfeitor, tratou quanto antes de arranjar um meio de frequentar a escola elementar em Castelnuovo, a vila italiana à qual pertencia o grupinho de casas – os Becchi – onde nascera.

Agora já contava com quinze anos de idade e com o apoio de sua mãe Margarida, que assim o subtraía das iras do seu irmão maior. Aventurou-se a viver por conta própria naquela simpática vila. Mas onde alojar-se?

Um tal João Roberto, alfaiate e músico, o recebeu em casa como ajudante.

Encontro providencial. Em pouco tempo, aprendeu a cortar pano e coser tão bem como seu patrão. Iniciou-se na música e tornou-se, como ele, discreto organista e violinista da igreja paroquial. Exercendo aquelas habilidades, pagava seus estudos.

O homem dos mil instrumentos

Não foi fácil ao esforçado estudante, durante o curso fundamental, vencer as privações da pobreza e as incompreensões das pessoas. Não perdeu tempo, porém. Em dois anos, superou quatro séries do fundamental. E assim, vencidas com grande esforço todas as etapas, ei-lo, já quase maior de idade, disposto a viajar a outro centro maior para enfrentar o curso médio.

Gostaria de ver a cara de espanto de certos estudantes, que só vão para frente à custa de repetições.

Castelnuovo não tinha escola acima do curso fundamental. Era necessário criar coragem e dar um salto para Chieri, para ele uma grande cidade.

Como se sustentar, porém, naquele novo ambiente? "Tenho de me virar sozinho."

Tornou-se assim, por necessidade, o "homem dos mil instrumentos".

Em Castelnuovo, aprendera com o Evásio, amigo da família, o ofício de ferreiro e ferrador de cavalos. Em Chieri, na pensão de dona Lúcia, que lhe dava cama e comida, começou a dar aulas de repetição para o filho da hospedeira, que se arrastava de ano para ano assimilando com lerdeza a gramática e as contas.

As férias, passou-a na casa do seu irmão José, que se casara. Com ele aperfeiçoou-se em marcenaria. Até o ajudou a construir a mobília inaugurada na festa do nascimento do seu primeiro sobrinho.

Nem nas férias parou de estudar. Quando viu que o padre Bartolomeu, pároco de Castelnuovo, precisava de alguém para cuidar do seu cavalo – o veículo dos pobres –, dispôs-se a esse trabalho em troca de algumas aulas de aprofundamento em latim.

Mas como o fogoso rapaz nunca abandonara as suas manias de circo, espantava os camponeses do lugar ao conduzir o animal para o pasto... viajando em pé sobre o dorso em doida carreira ou fazendo piruetas.

Voltando das férias, eis mais um ofício para custear os estudos: virou sapateiro. Sovela e faca na mão, solas de couro ao lado, passou a remendar botinas e sandálias.

Porém, com o novo ano as coisas se agravaram para o João. Dona Lúcia estava de mudança. Seu marmanjo, graças aos préstimos de João, concluíra os estudos e já montava um negócio em Castelnuovo. O remédio foi se empregar em péssimas condições na casa do Sr. Cavalli, que possuía uma vinha na beira da cidade.

João passava as tardes, depois das aulas, a cavar a vinha do patrão, enquanto, com o livro aberto sobre uma forquilha, estudava suas lições. E à noite? Depois de arranjar comida por conta própria, o jeito era se acomodar sobre um palheiro para dormir.

Foi José Pianta, dono de um restaurante, que o tirou dessa condição insustentável. Empregou-o como garçom de restaurante e, com o tempo, o transformou em doceiro e cozinheiro. Tudo ele aprendeu, porque para tudo o que era útil sabia encontrar tempo.

A Sociedade da Alegria

Para tudo. Também para a diversão e o lazer.

Não pensem que Joãozinho, na sua pobreza, vivia tristonho e isolado.

Com os jovens de Chieri, colegas de estudo, formou aos poucos um grupo original. Chamou-o de Sociedade da Alegria. Com dotes de líder e inspirador do grupo, e o pendor para a música, atraía a rapaziada como um ímã.

Quem os visse girando barulhentos pelas ruas da cidade ou cantando pelos campos em amenas excursões, os julgaria uns boêmios despreocupados. No entanto, levavam a toda parte a mais rica das mensagens: "Nosso programa é semear por todo o canto alegria e bom humor. Mas ninguém se iluda: só se consegue estando em paz com Deus. Consciência limpa e senso do dever é a condição para pertencer à nossa turma".

Mas sentia vivamente falta da uma direção espiritual. Alguém que o orientasse com segurança pelo caminho tantas vezes espinhoso da escolha de um futuro.

Encontrou-a naquele tempo em dois homens providenciais: um, o padre Cinzano, novo pároco de Castelnuovo, que foi para ele um segundo Calosso; outro, o jovem sacerdote padre José Cafasso, tão moço mas revelando desde o início grande santidade e notável sabedoria na direção das consciências. Durante toda a sua vida foi, por escolha do discípulo, o principal conselheiro de João Bosco.

Um dia, padre Cafasso soube das intenções do rapaz de partir para longe como missionário, talvez na África. Aconselhou: "Não seja apressadinho. Assim que concluir seus estudos, entre no Seminário. Lá, com o tempo, a oração e os estudos sagrados, Deus lhe fará conhecer sua vontade".

Era realmente vontade de Deus que João um dia se tornasse missionário. Mas de uma forma diferente, providencial e maravilhosa que você descobrirá se continuar a ler esta história até o fim.

Segunda parte

A voz de Deus

— Quem é aquele padre mocinho que acaba de tomar a diligência e se dirige de Castelnuovo a Turim, a capital do Piemonte?

— Padre João Bosco!

Pois é. Nosso Joãozinho já é padre. Ordenado sacerdote aos 6 de junho de 1841 em Turim, onde cursara o Seminário.

Havia atingido o seu primeiro ideal.

No seminário, como em todo lugar deste mundo, sucederam-se tristezas e alegrias.

Entre aquelas, a perda do seu melhor amigo, Luís Comollo, falecido prematuramente enquanto cursava o primeiro ano de seminário. Entre estas, a de poder dedicar-se totalmente ao estudo, à oração e ao apostolado, porque padre ele queria ser com todas as forças. "Para valer", diríamos hoje.

Não se descrevem as emoções sentidas por ele, pela velha mãe Margarida e por seus conterrâneos ao celebrar a sua primeira Missa nas terras de Castelnuovo.

Mas não só de emoções vivia Dom Bosco, como passou a ser chamado.

O problema era agora descobrir onde iniciar seu trabalho de padre.

O padre Cinzano foi o primeiro a propor: "Venha comigo. Na paróquia de Castelnuovo ou de Murialdo há muito que fazer lá como vice-pároco".

Que colocação mais tentadora para começar, ser vice-vigário na própria igreja perto da sua terra natal! Junto aos seus caros! Da sua mãe, sobretudo!

Mas houve um fidalgo a fazer-lhe um convite tentador: "Venha ser preceptor de meus filhos. Eu lhe pago bem".

Era bem comum entre os nobres daquela época contratar padres para preceptores de seus filhos.

Muitos amigos o instigavam: "Aceite, João! Assim sua família sai da pobreza!".

Mas ele decidiu pelo caminho melhor: "Prefiro consultar antes o meu confessor".

Padre Cafasso, seu conterrâneo, vivia então em Turim e João nada resolvia sem o seu conselho.

Eis a razão pela qual aquela diligência que parte para Turim vai levando o nosso D. Bosco. Seu diretor espiritual, quase tão jovem como ele, mas já tão santo e tão sábio orientador de sua vocação, era para ele como a voz de Deus.

Moleques de rua

"Você precisa se aperfeiçoar no estudo da Moral e na prática da Pastoral. É aqui mesmo o seu lugar, aqui na capital. Venha morar no Instituto Eclesiástico", foi o conselho do padre Cafasso.

Não era um colégio o tal Instituto. Era, sim, um estágio de aperfeiçoamento para jovens sacerdotes, fundado por padre Guala, mas depois dirigido pelo próprio padre Cafasso.

Assim, a providência da Deus colocou o jovem D. Bosco em contato direto, não com os missionários de terras longínquas, como havia sonhado, mas com a Missão para a qual Deus de há muito já o vinha preparando. Onde?

Turim do século dezenove, capital do reino do Piemonte, cidade-problema.

Bastou D. Bosco percorrer suas ruas e praças para notar. Crianças de todos os feitios girando como moscas pelos mercados e por todo canto. Outros, simples adolescentes mas já trabalhando duro, trepando pelos andaimes das construções, arcados sobre o peso dos tijolos ou da argamassa que carregavam.

Enquanto girava pelo centro da cidade a fim de captar toda essa variedade de aspectos, D. Bosco já fizera amizade com uma turminha de garotos. Vendo-os na praça perguntou:

– Que fazem vocês aqui o dia todo?

– Não é só brincar, não, "seu" padre. A gente é pobre e deve ganhar a vida cada dia. Então fica aqui na praça esperando quem nos venha contratar.

Tal como os trabalhadores da vinha na parábola de Jesus.

– A maioria de nós é servente de pedreiro, carregador de feira... gente de trabalho pesado.

– Mas já é de tardinha – observa D. Bosco –, que esperança pode haver de trabalho ainda hoje?

– Pois é. Às vezes a gente tem sorte, às vezes não. Fica esperando o dia inteiro – explica outro com atitude conformada.

– E aí?

– Aí, o jeito é apertar o cinto e ir dormir em jejum.

– Quando não conseguimos surrupiar alguma comida da feira – conclui outro com malícia –, ou pelo menos do lixo.

O velho problema da juventude abandonada. É de todos os tempos.

– Mas... onde vocês estudam?

Nenhum deles estudava. A maioria nem sabia ler.

D. Bosco, que tanta compaixão sentia pela pobreza e ignorância dos seus conterrâneos nos Becchi, constatou com espanto que as capitais abrigavam miséria maior.

Sentiu que, se Deus o chamava, era para aqueles pobrezinhos.

Todos os dias passou a encontrá-los. Entrando nos botecos onde trabalhavam de serventes, embarafustando-se pelas oficinas poeirentas, trepando pelos andaimes.

Muita gente se escandalizava com aquele padrezinho encarapitado nas construções, discorrendo com os pequenos operários ou com os rudes patrões e mestres de obra, brincando à tarde com os esfarrapados. Mas ele: "Vou ligar para isso? O bem tem de ser feito como se pode...".

D. Bosco na cadeia

Um dia, padre Cafasso convidou Dom Bosco para visitar, na prisão, o pavilhão dos menores.

Sim, leitor. Numa mesma prisão, menores e adultos. Separados apenas por pavilhões diferentes. Ali, uma grande surpresa: "É possível? Jovens de quinze, dezesseis anos... fortes, sadios, inteligentes... aqui?".

Havia até crianças de doze anos!

Vivendo à mercê de si mesmos, na cidade insensível, descambaram precocemente na delinquência. Não é este um problema também dos nossos tempos?

"Se alguém os tivesse reunido em tempo e ensinado a ser homens, não estariam aqui", pensou o nosso João.

Voltou muitas vezes àquelas grades.

A conselho do padre Cafasso, iniciou corajosamente o catecismo entre os jovens detentos. Não foi fácil.

A princípio, motejos e blasfêmias ou simplesmente o bocejar rumoroso de algum descarado interrompiam-no a cada momento. Por vezes, o riso malicioso de quem emprestava sentido obsceno a alguma expressão inocente.

D. Bosco, com a esperteza que não lhe faltava, de início era muito breve e ao mesmo tempo atraente nos fatos que contava. Sua bondade e paciência imperturbável fizeram o resto.

Aos poucos, principiaram dando-lhe atenção. Logo mais, verdadeiro interesse. Por fim esperavam com ansiedade sua visita e o acolhiam com satisfação.

"Em todo coração, mesmo depravado, sempre sobra no fundo um cabedal de bondade. É esse que eu tenho de fazer surgir à tona", disse certa vez.

Saía de lá impressionado e decidido: "Minha missão é com os jovens. Os mais abandonados. Não posso admitir que acabem nas prisões. Tenho de fazer algo por eles. Mas como...?".

Os primeiros pombinhos

Aqueles encontros cotidianos com os jovens pobres da rua se multiplicaram. Com o tempo, o número deles superou os trezentos.

Aos domingos, reunia-os onde podia – numa praça, num terreno baldio e uma vez até no pátio de um cemitério. Ensinava-lhes o catecismo, iniciava-os na oração, celebrava para eles a Missa onde era possível, divertia-os depois com esporte e jogos. Chamou a isso Oratório.

Todos contra um

A praça Manuel Felisberto, em Turim, ou a dos moinhos Dora foram alguns dos locais de reunião do animado grupo do Oratório.

Percorrido por carroças em contínuo movimento, frequentado por dezenas de moleiros e carroceiros, e vendedores ambulantes e donos de botequins, com suas mulheres, sogras e comadres, não era lugar para uma turma de garotos barulhentos. Choveram reclamações sobre D. Bosco desde o primeiro dia.

Os pobres garotos não conseguiam compreender por que eram tão malvistos e escorraçados onde quer que se dirigissem. Quando abandonados a si mesmos, girando ociosos pelas ruas e praças, na escola da vagabundagem e do roubo, nenhum daqueles comerciantes se preocupava em estender-lhes a mão num gesto salvador. Quando partiam para as grades da prisão e, de saída, se viam totalmente desamparados, ninguém lhes dirigia um olhar de compaixão.

Agora que, juntos e com o auxílio de D. Bosco, se esforçavam por se tornar alguém, os mesmos indiferentes de outrora se uniam para dispersá-los. Único pretexto, o barulho que faziam. Senhor, será o barulho o pecado maior?

Como outrora os inimigos de Jesus ajuntaram-se para acusá-lo diante das autoridades como sublevador do povo, assim os da praça e do moinho. E a prefeitura recebeu uma carta, um abaixo-assinado repleto de acusações.

Turim era uma capital onde residia o rei. Naquela época de intensas agitações políticas, não faltavam entre os governantes quem suspeitasse de qualquer novo movimento, vendo nele complôs, conspirações e supostos agitadores do povo. Presenciando com estupor como trezentos rapazes cheios de azougue nas veias, a um gesto daquele sacerdote, cessavam imediatamente toda movimentação e passavam a ouvi-lo com interesse e respeito, começaram a temer D. Bosco como um possível subversivo e a vigiá-lo por meio de agentes policiais disfarçados.

Partiu da prefeitura uma proibição terminante de reunir os meninos de D. Bosco.

O olho de Cavour

Intimado a comparecer na presença de Cavour, o marquês que dirigia a capital do reino, D. Bosco penetra pela primeira vez nos ricos salões da autoridade municipal.

A mais alta autoridade civil e policial da capital do Piemonte continuava a se preocupar seriamente com o perigo hipotético incendiado naquele grupo crescente de maltrapilhos.

Começou sem preâmbulos, sem mesmo mandar D. Bosco sentar-se. E sem tirar da boca o formidável charuto.

– Mandei chamá-lo, D. Bosco, para adverti-lo de que suas reuniões com os vagabundos da cidade são perigosas e não posso tolerar.

Aquele termo "vagabundos" queimou como fogo dentro de D. Bosco. Sem se intimidar, retrucou:

– Minha intenção, Excelência, é tira-los dessa vida de "faz nada" ou de trabalho mal remunerado, e estou conseguindo.

– Está conseguindo!... Não vê que se cansa à toa? Não conseguirá coisa alguma com esses mal-educados. Para eles existe a polícia.

"Primeiro vagabundos; agora mal-educados!", pensou o sacerdote. "Esse homem é fértil em elogios..."

– Permita-me insistir, senhor – objetou. – Não creio estar trabalhando em vão. Os resultados que tenho obtido me asseguram que devo continuar.

E acrescentou com calor:

– Talvez Vossa Excelência não esteja bem informado. Muitos deles tinham domicílio quase permanente nas prisões. Hoje, mudados de lobos em cordeiros, vivem bem empregados, alguns também estudando.

– Escute, D. Bosco. Não pretendo discutir. Ordeno-lhe que pare quanto antes com essa desordem.

– Desordem é deixá-los em abandono, senhor marquês.

– Cale-se ou tenho de recorrer a medidas desagradáveis. Não sabe que são proibidas reuniões desse tipo?

– Reuniões políticas, bem o sei. Mas as minhas são para o catecismo. Vossa Excelência não vai querer impedir o catecismo, não?

O pesado Cavour suava, debatendo-se na dificuldade de encontrar argumentos contra aquela incrível persistência. Levanta-se e ensaia alguns passos pela sala, coçando o queixo e a barba.

– Também o catecismo e coisas tais sem licença não se podem promover.

– Tenho-a do meu Arcebispo.

– Quer dizer que, se o Arcebispo lhe disser: "Acabe com isso", o senhor não porá nenhuma dificuldade?

– Absolutamente nenhuma.

Refestelou-se novamente na cadeira, puxando uma poderosa baforada.

– Pode sair. Eu mesmo falarei com o Arcebispo.

Inútil tentativa. O marquês encontrou no Arcebispo a mesma corajosa e serena resistência.

Teve de ceder. Mas desde aquele dia, policiais à paisana rondavam o telheiro do Oratório – onde finalmente o grupo se estabeleceu –, escutando o que D. Bosco ensinava e observando a sua atuação em meio à garotada. Eram os olhos e os ouvidos de Cavour perscrutando as ações daquele padre "subversivo".

As iras da marquesa

Mas não só Cavour tentou suprimir o Oratório nascente. Até seus amigos duvidaram de sua capacidade de levar adiante o ideal que escolhera: reunir e educar os jovens pobres e desamparados. Houve até quem duvidasse de sua saúde mental e tentou arrastá-lo para um manicômio.

Contudo, tanto trabalho e esforço haviam minado a sua saúde física. Era justo que seus amigos passassem a temer pela sua vida. Aí interveio a nobre Julieta Colbert, marquesa de Barolo, que continuava a empregá-lo como capelão dos institutos de beneficência que ela mesma fundara e o ajudava muitas vezes nas suas dificuldades financeiras.

Ao ver D. Bosco cada vez mais enfermiço, decidiu:

— Não podemos permitir que esse padre jovem e inteligente se torne imprestável tão cedo por nossa culpa. É nosso dever zelar por sua saúde. Quero que ele abandone imediatamente todo ministério extra: nos cárceres, nos hospitais e, sobretudo, com os meninos de rua. E se dedique somente às meninas do meu instituto e ao meu hospital.

— Experimente falar com ele, senhora, e ouvirá sua resposta.

Ouviu-a naquela tarde mesmo:

— Vim lhe comunicar, D. Bosco, que estou muito satisfeita com seu trabalho. O senhor se dedica com verdadeiro zelo ao bem espiritual das minhas meninas, pelo que eu lhe agradeço.

— Não me agradeça, senhora marquesa. É apenas meu dever de consciência.

— Porém, não posso tolerar que se mate de tanto trabalhar.

— Não se incomode, senhora. A ajuda de Deus até hoje não me faltou. Não faltará, por certo, também para o futuro.

— O senhor não compreendeu, D. Bosco — insiste a senhora, impaciente, retomando o tom usual autoritário. — Vim propor-lhe o abandono de todo e qualquer outro trabalho para se dedicar somente à direção espiritual do meu Instituto. Estou disposta desde já a duplicar-lhe o ordenado.

— Deixar os meninos? Nem pense nisso, marquesa! Não os deixarei, nem por sonho.

A dama, por um instante, ficou desconcertada. Previa, é verdade, inevitáveis objeções e sentia-se preparada para rebater todos os "mas" e os "porém" do sacerdote. Mas não esperava uma negação tão cortante. Por isso, empertigou-se toda e declarou secamente:

— Trata-se, D. Bosco, de escolher: ou deixar seu Oratório ou ser despedido do meu Instituto! Aconselho-o a pensar seriamente. Mais tarde poderá me responder.

Fez menção de sair.

— Respondo já, senhora, porque já pensei — retruca o padre com voz inalterável. — Minha vida é para aqueles jovens. Nada no mundo me fará desviar do caminho que encetei.

As faces da nobre matrona se tingiram de rubor.

— Prefere seus vagabundos aos meus Institutos?

— Sim. Não porque despreze seus Institutos. Mas porque para estes, com o dinheiro e os meios de que dispõe, é facílimo encontrar outro sacerdote. Mas para os meninos pobres que a senhora chama de "vagabundos", esses não têm ninguém por eles. Não, não posso abandoná-los.

— Mas... — e se irritava mais e mais contra si mesma. As objeções e os "mas" que ela esperava ouvir de D. Bosco para descartá-los um a um com argumentos preparados de antemão, era ela quem os trazia agora. E era D. Bosco quem os arrasava com firmeza inabalável.

— Mas se eu o ponho na rua sem o ordenado que recebe, onde irá? Não vai ter nem onde morar. Vai afundar-se em dívidas. Vai acabar mal, muito mal.

— E a Providência, marquesa? Eu confio nela.

– E não confia em mim, que só desejo secundar a Providência, zelando pelo seu bem?

– Meu bem é o bem dos pobres. Não procuro outro.

– Se é assim, considere-se despedido desde este momento!

Volta-lhe as costas e se dispõe de novo a sair, pisando duro.

– Não já, minha senhora – adverte o sacerdote com o mesmo ar pacato –, não já. Quer que inventem boatos contra mim e contra a senhora, diante de uma despedida tão repentina? Vamos com prudência e caridade, a mesma que devemos manter como cristãos, sejam quais forem as nossas divergências.

Pensou um pouco a senhora:

– É... D. Bosco, tem razão.

– Daqui a três meses, então. Depois disso, nada mais terá que ver com os meus Institutos.

Já na porta, mais uma vez se volta:

– E no futuro, não me venha mais pedir auxílios, que para seu Oratório não darei nem um vintém!

D. Bosco sorriu, enquanto ela descia as escadas vivamente contrariada. Sabia que essa última promessa ela não conseguiria cumprir. Conhecia o coração da nobre senhora. Largo demais para, vendo alguém sofrer, não lhe viesse imediatamente em socorro.

No domingo seguinte, ela aparece em pessoa diante do telheiro onde se instalara o Oratório. Misturada com o povo. Pisando barro com os sapatinhos macios.

Contempla de alto a baixo a mísera construção, constata a simplicidade de seus objetivos, a pobreza dos meninos.

Começa a se comover. Mas quando percebe D. Bosco que se aproxima, disfarça os sentimentos:

– Hum!... – faz com um muxoxo de pouco caso. – Que tapera, hein!

– Alguém a chamou de "gruta de Belém" – observa o padre sorrindo.
– Bela comparação, mas... ajuda?

E como o outro nada respondesse:

– Por que, D. Bosco, persistir numa ideia impossível? O senhor nada fará sem minha ajuda. Mude de ideia enquanto é tempo.

– Minha ideia já expus claramente. Não pretendo abandoná-la.

– Não tem um tostão e continua obstinado. Pior para o senhor!

Retira-se com visíveis sinais de irritação. Porém, ao subir à carruagem, descobre ao longe, em meio ao povo, o padre Borel, que tantas vezes acompanhara D. Bosco nas buscas por um lugar estável. Detém-se um momento. Depois, fazendo-o chamar pelo cocheiro, entrega-lhe uma boa quantia:

– É para D. Bosco. Mas ai do senhor se lhe disser que fui eu que a mandei!

Era assim o coração de Julieta Colbert.

O centro juvenil se expande

Aquele telheiro cedido pelo bom sr. Pinardi para a capela dos meninos abandonados prosperou. Aos poucos, D. Bosco adquiriu com muito esforço a casa toda, transformando-a em asilo para os órfãos que recolheu da rua. E mais tarde em escola profissional onde ele mesmo ensinava aos jovens os ofícios que aprendera nos tempos em que peregrinara por Chieri como estudante.

Não parou aí. Conforme antevira havia tempo, percebeu que, se quisesse ter ajudantes estáveis na obra em prol dos meninos de rua, deveria procurá-los entre seus próprios jovens.

Formou em torno de si um grupo de jovens que, sob a sua direção, se tornaram seminaristas e padres e constituíram com o tempo uma Congregação religiosa – os Salesianos. Por ação deles, foram surgindo oratórios, colégios, escolas profissionais, obras sociais e orfanatos que a partir de Turim se espalharam pela Itália e pela Europa e hoje atuam e se difundem em todos os continentes.

Cumpria-se assim o segundo sonho do antigo Joãozinho, tão claramente afirmado perante a Marquesa:

– Deus me chamou para os jovens, e por eles hei de dedicar toda minha vida.

Sentiu então que havia soado a hora de lutar pelo seu terceiro ideal.

Terceira parte

Estava preparado o terreno para uma nova e arrojada empresa. Para além dos horizontes.

As Missões, a perpétua aspiração de D. Bosco, continuavam a exercer, mais poderosas que nunca, o seu fascínio.

Padre Cafasso, seu confessor e mestre, lhe dissera um dia: "Em vez de partir para as Missões, sua tarefa é formar missionários para elas".

Confiava plenamente nos jovens salesianos que ele mesmo havia formado.

Mas... por onde começar? Revelações místicas que ele chamava de "sonhos" e que o acompanharam desde o tempo de menino, haviam--lhe mostrado povos exóticos, de longos cabelos, vestidos de peles, em regiões desconhecidas. Mas devia ele acreditar em sonhos?

A dica foi-lhe dada por uma carta que lhe chegou nada mais nada menos que da Argentina.

O arcebispo de Buenos Aires, D. Aneyros, lhe pedia com insistência que mandasse missionários para os numerosos imigrantes italianos que enchiam os bairros periféricos de sua cidade. E lhe falava também dos índios da distante Patagônia. Pesquisando em livros, descobriu que justamente ali viviam povos tais como havia divisado nos seus "sonhos".

Discutiu e planejou longamente com o seu conselho salesiano. Enfim...

Quando, em janeiro de 1875, expôs aos seus colaboradores e a todo o Oratório reunido o seu projeto missionário, foi uma alegria geral.

Os jovens não cabiam em si de contentamento. E embora o clima romântico da época colorisse a iniciativa de tons fantásticos de aventura, autênticas vocações missionárias foram aparecendo. Dezenas de pedidos choveram sobre a escrivaninha de D. Bosco, vindos de clérigos e leigos, estudantes e aprendizes.

A quem escolher? O jovem padre João Cagliero, formado no Oratório desde a adolescência, foi designado como chefe da primeira expedição de dez voluntários.

– Antes de nos lançarmos aos índios – declarou com uma clarividência precursora dos tempos atuais –, nosso campo de apostolado vai ser entre os imigrantes e o povo simples da periferia das cidades.

À distância de mais de cem anos dos dias de hoje, já intuía D. Bosco a necessidade de o missionário identificar-se totalmente na língua e nos costumes com o povo a se evangelizar, se quisesse exercer um trabalho verdadeiramente sincero, respeitoso e eficaz.

Partiram os primeiros missionários de D. Bosco em novembro daquele ano. Muitos outros vieram depois, ano por ano. A eles se juntaram em 1877 as primeiras seis missionárias salesianas, capitaneadas pela intrépida Irmã Angela Vallese, quando contava apenas com 23 anos de idade. D. Bosco morreu em 1888, aos 72 anos de idade. Canonizado pelo Papa Pio XI em 1934, é hoje venerado em todo o mundo como São João Bosco.

Na véspera de sua morte, chegara um telegrama da América, anunciando que seus missionários, os da undécima expedição ao Novo Mundo, haviam chegado ao Equador. Foi a última notícia que recebeu ainda consciente.

Seus discípulos haviam se alastrado como mancha de óleo pela Itália, de norte a sul. Depois, em ordem de tempo, pela Argentina, Uruguai, França, Espanha, Brasil, Chile, Inglaterra e Equador, durante a sua vida. Hoje, por todo o mundo.

Joãozinho podia considerar-se realizado e feliz. Com suor e sacrifício, é verdade, mas com coragem e constância baseadas na fé em Deus, alcançou plenamente os três grandes ideais da sua vida: ser padre, criar uma obra perene e mundial em benefício dos jovens e difundir missionários pelo globo.

Seu exemplo de vida fica para que nenhum jovem que escolher para si um digno ideal de trabalho e dedicação desanime pelo caminho.

Como João Bosco, você também é capaz!

Stephen Hawking
Uma inteligência brilhante num corpo em destruição

Que faria você se descobrisse que Deus o dotou de memória e perspicácia fora do comum, aliadas, porém, a uma doença incurável? Stephen Hawking se viu diante desse problema no momento mais promissor de sua juventude e de sua formação. Apesar disso...

Você mesmo pode constatá-lo através dele próprio, pois continua vivo esse cientista e seu cérebro permanece produzindo, apesar de tudo o que lhe aconteceu.

Quem é, afinal, Stephen Hawking?

Era o ano de 1942. Os pais moravam em Londres, no mais intenso período da Segunda Guerra Mundial, quando a cidade vinha sendo pesadamente bombardeada por mísseis recém-inventados e lançados pela Alemanha nazista.

Pouco antes de ele nascer, seus pais se mudaram para Oxford, fugindo àquela destruição.

Cresceu franzino e acanhado. Na escola, a princípio, ninguém notou que trazia uma inteligência excepcional, pois, mesmo não estudando muito, conseguia notas acima da média.

Filho de médico, logo demonstrou gosto pela química, enchendo o seu desarrumado quarto de tubos de vidro e aparelhos para experiências de estudante.

Mas aos dezesseis anos, embora o pai o quisesse médico, largou a química quando descobriu na cosmologia a sua paixão.

Não confunda, leitor, cosmologia com astronomia, embora ambas sejam ciências paralelas. Considerada por muito tempo como uma parte da filosofia, essa ciência pesquisa a origem, a estrutura e a evolução do universo. Mas como, até o final do século dezenove, não derivava de experiências práticas, porém de deduções baseadas na matemática e na física teórica, nem era considerada uma ciência, dava-se como razão: "É porque ela não pode provar experimentalmente o que propõe".

Contudo, enquanto Hawking crescia, cresceram também os telescópios em tamanho e em precisão, e novos meios de explorar o universo foram surgindo.

E foi assim que, sob a direção de Fred Hoyle, o mais famoso cosmólogo britânico da época, ele fez sua pós-graduação em cosmologia na universidade de Cambridge, atingindo o primeiro lugar com nota *magna cum laude*. Contava com vinte anos de idade.

Enquanto isso o pai, com seu olhar de médico, tinha notado havia algum tempo que o jovem manifestava certa dificuldade para realizar pequenos movimentos, tais como amarrar os sapatos e abotoar a roupa. Levou-o a um *check-up*.

Aí a bomba estourou: ELA, esclerose lateral amiotrófica, na linguagem complicada dos médicos. Uma doença rara do sistema nervoso, que afeta os músculos, imobilizando-os aos poucos, enquanto preserva o cérebro com suas potencialidades.

E pior: ninguém conhece a cura.

– Você terá apenas dois anos de vida – sentenciou um médico neurologista.

É natural que tenha entrado numa depressão espantosa. Mas só a princípio. Com o tempo, ao saber que essa doença conta com períodos de estabilidade, tomou corajosamente uma decisão: "Então há muita coisa que eu posso fazer nesse tempo, se eu conseguir adiar a minha sentença de morte. Afinal, cosmologia só exige cálculos e telescópios. E não aparelhos complicados que exigem destreza manual. Meu instrumento único será o meu próprio cérebro".

Conheceu Jane Wilde, uma enfermeira, e logo se apaixonou por ela. Também ela era uma entusiasta por pesquisas científicas. "Juntos, podemos fazer da nossa vida algo que valha a pena."

Casaram-se em 1965.

Sua notável inteligência – e autoconfiança também – se revelou um dia ao mundo ao acorrer como ouvinte à conferência do cosmólogo Fred Hoyle, que fora seu professor, pronunciada na Real Academia de Londres perante os grandes estudiosos da época.

No fim, o sábio perguntou aos presentes:

– Alguém tem alguma observação a fazer?

No fundo do salão, levantou-se com dificuldade aquele jovem recém-formado. Já usava bengala para se locomover.

– Está errado – disse.

A plateia o fitou assombrada.

– Claro que não! – disse o sábio com desprezo. – Como você sabe?

– Porque eu fiz os cálculos.

Alguns riram. Mas ele estava com a razão.

Não há dúvida de que, desde o tempo de estudante, se manifestava tão confiante em si mesmo que o chamaram de arrogante. Mas o fato é que aí começou a sua fama.

Decidiu pesquisar o universo até descobrir o que o público chamava de "mistérios", entre os quais os célebres "buracos negros".

Buracos negros

Que são esses tais "buracos negros"?

Sem querer aprofundar o assunto, existem no espaço interestelar objetos celestes de massa tão densa que, embora pequenos em relação ao tamanho das estrelas, exercem um força de atração tão grande que "engolem" tudo o que se aproxima. Até a luz não consegue escapar deles.

Por isso, são invisíveis ao observador da Terra. Mas os cientistas podem por certos meios detectar sua existência. "Como são constituídos? Que força exercem no conjunto do espaço celeste? Eu hei de descobrir."

Em 1967 nasce o seu primeiro filho, Robert, quando Stephen já andava de muletas. Apesar disso se proclamava feliz, porque aquela semi--imobilidade lhe permitia, sem negligenciar a dedicação ao lar, entregar-se quase inteiramente ao ideal científico que escolhera.

Sua esposa Jane foi a pessoa providencial que tornou isso possível. Com admirável dedicação, viveu vinte e cinco anos ao seu lado, datilografando seus escritos e anotando com precisão o que ditava.

Não só se manifestava nele uma prodigiosa memória – uma vez ditou de cor uma equação de quarenta termos! –, mas também uma força de vontade sem igual o conduzia a criar ideias cada vez mais originais.

Passou, entre 1974 e 1975, uma temporada nos Estados Unidos, em trabalho no Observatório Astronômico de Monte Wilson na Califórnia, um dos maiores do mundo. Para distraí-lo, convidaram-no várias vezes a visitar a Disneylândia: "Minha diversão são essas observações e meus cálculos".

Em 1979 nasce-lhe o segundo filho, Timoty. Mais tarde, teve também uma filha.

Volta à Inglaterra, já em cadeira de rodas. Mas já iam longe os tais "dois anos de vida" que o médico lhe tinha anunciado.

Em Cambridge inicia com Jane uma campanha em favor dos deficientes físicos como ele. Parece que é daí que surgiu no mundo a iniciativa de criar rampas nas calçadas e outros dispositivos para facilitar-lhes a locomoção. Foi por isso declarado em 1979 o "homem do ano".

Não quis também se afundar incomunicável no seu gabinete de estudo. Passou a viajar muito pela Europa e alhures, solicitado para conferências em inúmeros lugares. Em 1985 visitou em Genebra o famoso acelerador de partículas, aparelho nuclear de quilômetros de extensão que, aperfeiçoado nestes últimos anos, conseguiu provar a existência do "boson de Higgs", a última partícula subatômica cuja existência permanecia até então sob dúvida por parte dos cientistas.

Enfermidade progressiva

Na mesma época, a necessidade improvisa de se submeter a uma traqueostomia para poder respirar o fez perder definitivamente a fala. Jane, incansável, escreve para diversos países, na ânsia de salvá-lo da imobilidade e do silêncio. Entre os que respondem, Walt Woltosz, especialista em computadores, lhe manda um "equalizador", instrumento que inventara, com o qual, apenas com o pestanejar ou com a contração de alguns músculos da face, Hawking consegue escolher as palavras que pretende comunicar e sintetizá-las eletronicamente numa frase. É um processo tremendamente laborioso, mas com tal aparelho não cessou a sua capacidade de se comunicar com o mundo.

Diante de tantas dificuldades causadas por sua progressiva enfermidade, calcula o leitor que era o caso de desanimar de tudo?

Pois foi nessa época que apareceram seus livros mais célebres, dos treze que publicou. Dos que têm tradução portuguesa, tornaram-se *best sellers*: *Uma breve história do tempo*, escrito em 1988 e sua edição popular ilustrada, em 1998; *Buracos negros: universos-bebês*, em 1994; e *O universo numa casca de noz*, em 2001.

Nem tudo, porém, na vida dos grandes homens é triunfo a ser celebrado. Lamentável foi seu divórcio com Jane, após tantos anos. E também o fato de, apesar de receber tantos prêmios, nunca ter obtido o prêmio Nobel, porque as regras que orientam essa condecoração não contemplam a cosmologia.

E quanto à religião?

Já notamos acima que é comum muita gente pensar que os cientistas são, em geral, ateus ou agnósticos. Não é verdade. Em toda a história moderna da ciência, do Renascimento aos nossos dias, entre as maiores celebridades da ciência figuram nomes como o de Copérnico, Galileu, Kepler, Newton, Pascal, Pasteur, Marconi, que foram por toda a sua vida cristãos convictos.

Em nossos dias, um exemplo vivo é o Francis Collins. Líder do Projeto Genoma Internacional. Esse famoso projeto consistiu no mapeamento e sequenciamento de todos os genes do corpo humano.

Collins dirigiu a pesquisa em que participaram cientistas do mundo todo durante anos. E conseguiu anunciar ao mundo em junho do ano 2000 a sua conclusão.

Foi este considerado o maior acontecimento científico do século, pois está permitindo aos médicos a descoberta da causa de muitas doenças e, em muitos casos, o seu tratamento.

Francis Collins, no seu belo livro *A linguagem de Deus*, declara que, no princípio dessa pesquisa, ele era agnóstico.

O agnóstico é diferente do ateu. Este declara não crer que Deus existe. O agnóstico apenas não se preocupa com a existência ou a não existência de Deus.

Collins afirma que foi exatamente através da ciência é que chegou à constatação da existência e da sabedoria de Deus.

"Ciência e fé não são antagônicos, são complementares", escreve. "Os extremismos de ambos os lados é que devem ser evitados."

Um extremismo muito comum no passado – e ainda no presente – é atribuir à intervenção direta de Deus – ou aos deuses – tudo o que a gente não consegue explicar ou que a ciência ainda não descobriu. A atuação de Deus, para tais pessoas, se restringe às áreas que a ciência dos séculos passados ainda não compreendia. E à medida que a ciência vai revelando aquilo que antes julgávamos "mistérios", o extremista se sente abalado na sua crença sobre Deus. É uma maneira mesquinha de imaginar Deus.

Stephen Hawking se professa agnóstico. Mas certamente no sentido em que aborrece esse modo errado de imaginá-lo.

Nos seus livros, fala diversas vezes de Deus: "Tanto quanto o universo teve um princípio, nós podemos supor que tenha um Criador", escreve em *Uma breve história do tempo*. E mais além, no mesmo livro: "No big bang e em outras singularidades, todas as leis deixariam de se aplicar, de modo que Deus teria ainda liberdade total de escolher o que aconteceu e como o universo começou".

E conclui: "Qual é o porquê da nossa existência e a do universo? Se encontrássemos a resposta a isso, seria o triunfo definitivo da razão humana, porque então compreenderíamos os desígnios de Deus".

Continuando a pesquisar com essa paixão pela ciência, apesar de confinado a uma cadeira de rodas e de ter de falar através de sinais laboriosamente juntados no sintetizador, Hawking é um prodígio de tenacidade e constância na ânsia de desvendar o universo e um exemplo para que nunca desanimemos nas dificuldades da vida.

Esse esforço por encontrar a verdade o aproximará cada vez mais de Deus, como aconteceu com Francis Collins. Nas fotografias desse grande cientista que aparecem com abundância na internet, ele surge quase sempre sorrindo, apesar de entrevado e confinado a uma cadeira.

Torcemos para que, persistindo no seu ideal de pesquisar o universo, acabe se aproximando cada vez mais, como Francis Collins, ao Criador. Aí, no seu encontro final com Deus, esse sorriso durará para sempre.

Van Thuân
Testemunha da esperança

Vietnã

Mas... e se o impedimento à consecução dos nossos ideais provém não da pobreza ou da doença, mas da maldade dos homens?

É o que aconteceu com Van Thuân no Vietnã. Você desanimaria no caso dele?

O Vietnã, belo país do sudeste asiático, é formado por três regiões de antiga tradição chamadas Tonkin, Annan e Conchinchina. Dominado durante séculos pela China, da qual assumiu a cultura e a religião, recebeu os primeiros missionários cristãos – os dominicanos – no século dezesseis. Quando se tornou independente, seus reis alternaram períodos de perseguição aos cristãos com temporadas de paz e tolerância.

Durante o século dezenove, uma prolongada perseguição de trinta anos sob a dinastia Nguyen causou em datas diversas o martírio de 130 mil cristãos.

É mais conhecido o caso do padre André Dun Lac com seus 117 companheiros padres, religiosos e leigos. Fato que levou o Papa Leão XIII a beatificá-los e, em 1988, João Paulo II canonizou Dun Lac.

Seguiram-se no Vietnã, depois da morte desses mártires, setenta anos de paz e tolerância, o que permitiu a criação de diversas dioceses com centenas de milhares de fiéis.

Enquanto se desenrolavam esses acontecimentos, o país caiu sob o domínio colonialista da França desde os meados do século dezenove até 1954. Nesse ano, a uma derrota fragorosa da França seguiu-se a tomada do poder pelos nacionalistas, apoiados pela China e pela Rússia. O Vietnã ficou dividido em dois países, o do norte e o do sul.

Começa nessa data a opressão comunista sobre o norte e a guerra sangrenta entre o norte o sul, este apoiado pelos Estados Unidos; situação resultante da divisão do mundo em duas ideologias antagônicas na época da chamada "guerra fria".

Quando os Estados Unidos retiraram seus soldados, também o sul do Vietnã foi conquistado pelos comunistas e a opressão se alastrou.

Francisco Xavier Van Thuân, nascido na cidade de Hue, antigo e célebre centro cultural do país, provinha de uma família cristã que no século anterior dera vários mártires à Igreja. Ordenou-se sacerdote em 1953 e por algum tempo, a partir de 1959, residiu em Roma, onde se formou em Direito Canônico.

Voltando à pátria, lecionou no seminário de Annin, no Vietnã do Sul, tornando-se depois reitor do seminário e vigário-geral da diocese.

Em 1967, ei-lo como bispo de Nha Trang, cidade costeira do sudeste do país. Oito anos depois, o Papa o escolhe para arcebispo coadjutor de Saigon, a antiga capital do Vietnã do Sul, que os comunistas, após sua conquista, passaram a chamar de Ho Chi Min, o nome do seu líder.

Aí começou ao bispo o seu calvário. Poucos meses depois de nomeado, é improvisamente intimado a comparecer ao palácio da presidência. Era o dia 15 de agosto de 1975. A Igreja celebrava a Assunção de Nossa Senhora ao céu.

Ele mesmo conta: "Saio de casa apenas com a batina e um terço no bolso. Durante o trajeto até a prisão, dou-me conta de que estou perdendo tudo. Só me resta abandonar-me à Providência de Deus".

No entanto, acrescenta que, apesar da ânsia inevitável provocada pela incerteza, sentia grande alegria por ser aquele o dia de Nossa Senhora. Nunca mais pôde voltar.

Prisão

"Na prisão, meus companheiros não cristãos perguntavam as razões da minha esperança. Diziam: 'Deve haver algum motivo especial para seguir Jesus!'. E os carcereiros: 'Existe realmente Deus, ou é uma invenção da classe opressora?'", conta ele.

Ele apenas procurava explicar tudo com as palavras simples do Evangelho, sem usar nenhuma terminologia escolástica.

Sua aflição, porém, era não poder mais encontrar-se com seus fiéis. Como fazer para, da prisão, se comunicar com eles?

Lembrou-se do exemplo de São Paulo apóstolo na prisão, como contam os Atos dos Apóstolos. Do seu cativeiro em Roma, escreveu aos Efésios, aos Colossenses, aos Filipenses, a Filêmon. E certamente outras epístolas, que se perderam. Por que não fazer como ele?

De outubro a novembro, graças a um menino que lhe trazia de noite blocos de papéis enviados pelos seus diocesanos, escrevia cada noite uma mensagem, que eles depois copiavam e distribuíam. O livro *O caminho da esperança*, hoje traduzido em onze línguas, é o resultado dessas mensagens que recolheram e conservaram como tesouro precioso, tal como os primeiros cristãos fizeram com as cartas de São Paulo.

No dia primeiro de dezembro de 1976, de novo de improviso, é levado à noite num caminhão, com alguns prisioneiros como ele algemados dois a dois.

Chegam ao porto de Tang-Cang, donde via, a três quilômetros, as luzes da capital. Na escuridão, um navio os esperava. Sentam-se no chão, até que são metidos no porão do navio, usado para carregar carvão, iluminado apenas com uma lamparina de querosene.

No dia seguinte, quando alguma luz do dia entrou pelas frestas, notou o rosto desesperado dos prisioneiros. Eram muitos, mais de mil. Três dias de viagem para o norte, a 1.700 quilômetros, no frio de dezembro. Não eram cristãos, mas quando souberam que um bispo estava com eles, muitos se aproximaram.

Um deles, à noite, tentou se enforcar com um cabo de aço. Chamaram o bispo. Conseguiu dissuadi-lo do suicídio e o confortou como pôde. Anos depois, encontrou-o livre na Califórnia.

"Naquela viagem – atesta o bispo – entendi que essa era a nova etapa da minha vocação. Ser missionário e morrer como Jesus, fora dos muros da minha diocese. O navio se tornava minha nova catedral, a mais bela. Todos eram lá o Povo de Deus. Deus nos faz 'um' com todos, até com o inimigo."

E dirigia a eles palavras de esperança.

Mas ao chegar ao norte do país, aí começou o período mais duro: é metido numa cela úmida, sem janelas, isolado de todos.

Às vezes, em total escuridão. Outras vezes, com luzes acesas dia e noite. Foi uma longa e tremenda tribulação que durou nove anos!

"Sentia-me sufocado, a um passo da loucura", relata Van Thuân. "Eu era ainda um jovem bispo, com oito anos de experiência pastoral. Não conseguia dormir, atormentava-me a ideia de ter de abandonar a diocese, as inúmeras obras que havia iniciado por Deus. Experimentava uma espécie de revolta em todo o meu ser. Mas, uma noite, alguém me disse: 'Por que você se atormenta desse modo? Tudo aquilo que você fez são obras excelentes, obras de Deus, mas não são Deus! Você escolheu somente Deus, não as suas obras'. Lembrei-me então de uma carta que recebi uma vez de Teresa de Calcutá. Dizia: 'O que importa não é a quantidade de nossas atividades, mas a intensidade de amor que colocamos em cada ação'. Daquele instante em diante, uma nova força preencheu meu coração. Acompanhou-me por treze anos, e a paz nunca me faltou."

Para evitar que a imobilidade o destruísse por uma artrose que viria fatalmente se não caminhasse, andava pela cela de manhã até as nove e meia da noite.

Às vezes, ele nem conseguia rezar: "Quando se está em isolamento total, o tempo passa lentamente. Imaginem uma semana, um mês, dois meses em silêncio... São terrivelmente longos, mas quando se transformam em anos, tornam-se uma eternidade. Havia dias em que, reduzido ao extremo pelo cansaço, pela doença, eu não era capaz de recitar uma oração sequer. Mas uma coisa é certa: é possível aprender muito sobre a oração e seu genuíno espírito, justamente quando se sofre por não poder rezar, devido à fraqueza física, à impossibilidade de concentrar-se, à aridez espiritual, à sensação de ter sido abandonado por Deus e de estar tão longe dele a ponto de não lhe poder falar. Talvez seja exatamente nesses momentos que se descobre a essência da oração e se compreende como é possível colocar em prática o que Jesus disse sobre ela. Então, 'cada batida do nosso coração – como diz Cassiano – se torna uma oração única e ininterrupta'."

Mas nem tudo era silêncio: "Puseram cinco guardas para me vigiar, segundo um rodízio. Dois deles sempre estavam comigo. Os chefes os substituíam de quinze em quinze dias por outro grupo, 'para não serem contaminados – diziam – por esse bispo perigoso'. No começo, não falavam comigo. Apenas sim e não. Mas veio-me à mente: 'Francisco, ame-os como Jesus amou você'. Comecei a amar Jesus na pessoa de cada um deles, sorrindo e trocando palavras gentis. Contei como tinham sido minhas viagens, como era o mundo que eles não conheciam. Isso lhes estimulou a curiosidade. Fizeram-me muitas perguntas. Tornaram-se meus amigos. Quiseram até aprender línguas estrangeiras. Meus guardas acabaram tornando-se meus alunos em francês e inglês!".

Ao ouvi-lo dizer que Jesus nos ensinou a amar também os inimigos, um guarda observou pensativo: "É bonito, mas difícil de entender".

Após algum tempo, os chefes mudaram a própria ideia: "Não vamos mais fazer o rodízio, senão esse bispo 'contaminará' todos os soldados".

"Os guardas me forneceram algumas folhas onde anotava as respostas às inúmeras perguntas que me faziam. Comecei a guardar algumas dessas pequenas folhas e fiz uma minúscula agenda em que pude escrever, a cada dia, em latim, mais de trezentas frases da Sagrada Escritura que eu conseguia lembrar de cor. A Palavra de Deus, reconstituída dessa forma, tornou-se o meu 'manual cotidiano', o meu escrínio precioso do qual extraía força e alimento."

Narra que, no isolamento daquela prisão, pensou muitas vezes nos Atos dos Apóstolos, "esse Evangelho do Espírito Santo que me impulsionava a estar em comunhão com toda a Igreja" e com todos.

Refere-se à passagem dos Atos mais citada pelos pregadores: o capítulo 2, versículos 43-44, em que os primeiros cristãos perseveravam na fiel adesão aos Apóstolos, na oração, na comunhão com Deus pela Eucaristia e na comunhão fraterna.

"Não teria sobrevivido, não fosse a consciência de que eu continuava parte viva da Igreja."

Havia policiais comunistas que tiveram de aprender o latim para poderem ler e decifrar os documentos da Igreja. Um dia, um deles perguntou: "O senhor pode me ensinar um canto em latim?". "Posso. Há muitos cantos, cada um mais bonito que o outro." "Cante. Eu escuto e escolho um."

Escolheu o *Veni Creator Spiritus*.

"Jamais – afirma Van Thuân – teria acreditado que um policial ateu decorasse todo esse hino e o cantasse todas as manhãs enquanto se vestia. Ele não sabia, mas estava me ajudando a rezar, sobretudo quando eu estava tão fraco e deprimido, a ponto de não conseguir mais fazê-lo."

Foi possível celebrar a Missa nesse longo isolamento? Sim, porque quando foi preso ainda em Saigon, no dia seguinte permitiram-lhe escrever para casa, pedindo roupas, pasta de dente e... "um pouco de vinho como remédio para o estômago".

Os cristãos entenderam logo. Mandaram-lhe isso e algumas hóstias escondidas. Os guardas, pensando ser remédio, entregaram tudo.

"Todos os dias, com três gotas de vinho e uma gota de água na palma da mão, eu celebrava a Missa sem cálice, sem livro, de cor. Era meu altar e minha catedral. Autêntico remédio para o corpo e para a alma. Foram as mais belas Missas da minha vida."

Depois desse longo martírio, o bispo foi conduzido a um "campo de reeducação", aquelas odiosas prisões em que os comunistas, por meio de um doutrinamento compulsório, tentam à força fazer com que todos pensem como eles.

"No campo de reeducação estávamos divididos em grupos de cinquenta pessoas. Dormíamos sob o mesmo teto, onde cada um ocupava o espaço de 50 centímetros. Consegui fazer com que estivessem sempre comigo cinco católicos. Às 21h30 era obrigatório apagar a luz e todos devíamos dormir. Nesse momento, eu me curvava sobre a cama para celebrar a Missa, recitando tudo de cor, e em seguida distribuía a comunhão passando a mão por baixo do mosquiteiro. Chegamos até a fabricar saquinhos de papel para guardar o Santíssimo Sacramento e levá-lo aos demais. Jesus Cristo estava sempre comigo no bolso da camisa. Toda semana havia uma sessão de doutrinação à qual todos devíamos participar. Na hora do intervalo, com os meus companheiros católicos aproveitávamos para passar um saquinho a cada grupo de prisioneiros que sabia que Jesus estava no meio deles."

Durante a noite, os prisioneiros se alternavam fazendo turnos de adoração. E recitavam por turno trechos do Evangelho que haviam memorizado. O seu testemunho de amor e de serviço provocava um impacto cada vez mais forte nos demais prisioneiros. Até mesmo budistas e outros não cristãos escutavam admirados e com respeito aquelas "palavras sagradas" e recebiam o dom da fé. A força do amor de Jesus era irresistível.

Assim, a obscuridade do cárcere tornou-se uma luz pascal. A prisão tornou-se escola de catecismo. Os católicos batizavam seus companheiros, sendo eles próprios os padrinhos. Foi aquele período uma ocasião para prolongado diálogo inter-religioso, que gerou compreensão e amizade entre todos.

"No campo de reeducação, tive ocasião de estabelecer um diálogo com as mais variadas pessoas: ministros, parlamentares, autoridades militares e civis, autoridades religiosas, budistas, brahmanistas, muçulmanos, pessoas de várias denominações cristãs – batistas, metodistas. Fui até eleito ecônomo, para servir a todos, distribuir os alimentos, pegar água quente e transportar nos ombros o carvão para o aquecimento durante a noite, porque os outros me consideravam homem de confiança."

Por fim, nos últimos anos, Van Thuân foi colocado em prisão domiciliar no vilarejo de Giang-Xa, a 20 quilômetros de Hanoi, com um guarda católico vigiando. De novo como São Paulo Apóstolo em Roma.

Foi-lhe então possível escrever o segundo de seus livros, *Os peregrinos da esperança*.

"Quero viver o momento presente – deixou escrito – enchendo-o de amor."

Graças a esse guarda, foi possível trazer à noite um grupo de seminaristas de várias dioceses e, depois de um tempo, ordená-los sacerdotes a pedido dos seus respectivos bispos impedidos de exercer seu ministério. Os próprios seminaristas trouxeram o Cerimonial dos Bispos e os santos óleos.

Não só: o mesmo guarda o levava à noite para administrar os sacramentos aos doentes.

"Jamais teria imaginado que Jesus me chamasse a esse tipo de pastoral. O Espírito Santo se serve de qualquer pessoa como instrumento de sua Graça."

Libertação

Finalmente, em 21 de novembro de 1988, treze anos após sua captura, é libertado em Hanoi e conduzido à residência do arcebispo.

Por que fora aprisionado por tanto tempo?

"Disseram-me que minha nomeação para bispo era fruto de um complô entre o Vaticano e os imperialistas para organizar a luta contra os comunistas."

São as "razões", caro leitor, comumente forjadas pelas forças totalitárias para justificar com pretextos políticos suas tentativas de sufocar qualquer religião.

Em setembro de 1994 deixa o Vietnã e se dirige a Roma, a pedido do Papa. O governo do país logo exara um documento impedindo-o de voltar.

O Papa o nomeia Presidente do Conselho Pontifício de Justiça e Paz. Escreve então o seu terceiro livro, *Testemunha da esperança*, do qual tirei quase literalmente muitas das citações desta minha narrativa.

Em março do ano 2000 pronuncia no Vaticano um retiro pregado ao Papa e aos cardeais da Cúria.

Em 21 de fevereiro de 2001, o Papa o eleva à dignidade de Cardeal.

Mas as consequências da longa prisão se fazem logo notar: um câncer ceifa a sua vida em setembro do ano seguinte. Em seu livro *Testemunhas da esperança*, cita o provérbio vietnamita: "Viver é peregrinação; morrer é retornar para casa".

Bento XVI, em 2007, inicia a causa de sua beatificação.

Também Van Thuân *soube viver*?

Enchendo de amor, até para com os inimigos, a sua existência e seu sofrimento, a sua vida foi de grande valor para ele e para nós.

Bibliografia

Muitas passagens desta narração foram inspiradas pelos ótimos livros aqui elencados, cuja leitura recomendamos vivamente.

ATTENBOROUGH, Richard. *As palavras de Gandhi*. 7. ed. Rio de Janeiro: Record, 1982. (E o filme, do mesmo autor.)

BIRCH, Beverley. *Guglielmo Marconi*. São Paulo: Editora Globo, 1993.

BRUNNSCHWEILER, Fraçoise; FOLLEREAU, Raoul. *Messaggero di speranza e di vita*. Bologna: AIFO, 1988.

GANDHI, Mohandas Karamchand. *Gandhi e o cristianismo*. São Paulo: Paulus, 1996.

GONZÁLEZ-BALADO, José Luis. *Teresa de Calcutá*. São Paulo: Paulinas, 2005.

HAWKING, Stephen. *Uma breve história do tempo ilustrada*. Curitiba: Editora Albert Einstein, 1997.

LIMA, Alencar Bastos. *Churchill*. *Isto é*, Ed. do Brasil, 2004.

MADRE TERESA. *A alegria da doação*. São Paulo: Paulus, 1978.

PIERINI, Franco. *A Idade Média*. São Paulo: Paulus, 1997. (História da Igreja, vol. II).

DEPOIMENTOS BRASILEIROS. *Zilda Arns Neumann*. Belo Horizonte: Editora Leitura, 2003.

STRATHERN, Paul. *Hawking e os buracos negros*. Rio de Janeiro: Jorge Zahar Ed., 1997.

VAN THUAN, François Xavier. *Testemunhas da esperança*. Vargem Grande Paulista, SP: Ed. Cidade Nova, 2002.

WOODS, Thomas E. *Como a Igreja católica construiu a civilização ocidental*. São Paulo: Quadrante, 2008.

Impresso na gráfica da
Pia Sociedade Filhas de São Paulo
Via Raposo Tavares, km 19,145
05577-300 - São Paulo, SP - Brasil - 2015